Franz Kamphaus
Tastender Glaube

FRANZ KAMPHAUS

Tastender Glaube

Inspirationen zum Matthäus-Jahr

Patmos Verlag

VERLAGSGRUPPE PATMOS
PATMOS
ESCHBACH
GRÜNEWALD
THORBECKE
SCHWABEN

Die Verlagsgruppe
mit Sinn für das Leben

Für die Schwabenverlag AG ist Nachhaltigkeit ein wichtiger Maßstab ihres Handelns. Wir achten daher auf den Einsatz umweltschonender Ressourcen und Materialien.

Zugunsten von MISEREOR

2. Auflage 2017
Alle Rechte vorbehalten
© 2016 Patmos Verlag der Schwabenverlag AG, Ostfildern
www.patmos.de

Umschlaggestaltung: Finken & Bumiller, Stuttgart
Umschlagmotiv: © manun/photocase.de
Druck: CPI – Ebner & Spiegel, Ulm
Hergestellt in Deutschland
ISBN 978-3-8436-0782-7

Inhalt

EINLEITUNG   11

ADVENT

ES WIRD ZEIT   17
1. Adventssonntag (Mt 24,19-44)

„STIMME, DIE IN DER WÜSTE RUFT"   19
2. Adventssonntag (Mt 3,1-12)

UNGEWISSHEIT UND WAGNIS   21
3. Adventssonntag (Mt 11,2-11)

AUS GOTT GEBOREN   24
4. Adventssonntag (Mt 1,18-24)

WEIHNACHTEN

EINFACH ENTWAFFNEND   29
Weihnachten (Lk 2,1-14)

EINE FLÜCHTLINGSFAMILIE   31
Sonntag in der Weihnachtsoktav (Mt 2,13-15.19-23)

NEUJAHR   34
Oktavtag von Weihnachten (Lk 2,16-21)

DER ANFANG   36
2. Sonntag nach Weihnachten (Joh 1,1-5.9-14)

STERNSTUNDE   39
Erscheinung des Herrn (Mt 2,1-12)

DIE INITIATION   40
Taufe des Herrn (Mt 3,13-17)

FASTENZEIT

DIE VERSUCHUNG 1. Fastensonntag (Mt 4,1-11)	45
VERKLÄRUNG 2. Fastensonntag (Mt 17,1-9)	47
AM BRUNNEN 3. Fastensonntag (Joh 4,5-42)	50
WENN DIE AUGEN AUFGEHEN ... 4. Fastensonntag (Joh 9,1-41)	52
PROTESTLER GEGEN DEN TOD 5. Fastensonntag (Joh 11,1-45)	55
IM SCHATTEN DES KREUZES Palmsonntag (Mt 26,14 - 27,66)	57
DER LETZTE PLATZ Gründonnerstag (Joh 13,1-15)	59
DIE MITTE Karfreitag (Joh 18,1 - 19,42)	61

OSTERZEIT

NICHT ZU FASSEN Ostersonntag (Joh 20,1-18 (11-18))	67
EMMAUS Ostermontag (Lk 24,13-35)	69
TASTENDER GLAUBE 2. Sonntag der Osterzeit (Joh 20,19-31)	72
EINE FISCHERGESCHICHTE 3. Sonntag der Osterzeit (Joh 21,1-14)	74
DER GUTE HIRT 4. Sonntag der Osterzeit (Joh 10,1-10)	76

DER EINZIG WAHRE 5. Sonntag der Osterzeit (Joh 14,1-12)	79
VON GOTT VERLASSEN? 6. Sonntag der Osterzeit (Joh 14,15-21)	81
UNSERE MISSION Christi Himmelfahrt (Mt 28,16-20)	83
EWIGES LEBEN 7. Sonntag der Osterzeit (Joh 17,1-11)	85
„KOMM, HEILIGER GEIST ..." Pfingsten (Joh 20,19-23)	88
KOMM, TRÖSTER ... Pfingstmontag	90

JAHRESKREIS

„SEHT DAS LAMM GOTTES ..." 2. Sonntag im Jahreskreis (Joh 1,29-34)	95
DER RAND WIRD ZUR MITTE 3. Sonntag im Jahreskreis (Mt 4,12-17)	97
ARM-SELIG 4. Sonntag im Jahreskreis (Mt 5,1-12)	100
GESALZEN 5. Sonntag im Jahreskreis (Mt 5,13-16)	102
IM ÜBERFLUSS 6. Sonntag im Jahreskreis I (Mt 5,17-20)	104
„ICH ABER SAGE EUCH ..." 6. Sonntag im Jahreskreis II (Mt 5,21-26)	107
DIE ANDERE BACKE 7. Sonntag im Jahreskreis I (Mt 5,38-42)	109

AUCH ÜBER DEN FEINDEN GEHT DIE SONNE AUF 111
7. Sonntag im Jahreskreis II (Mt 5,43-48)

MENSCH, HAST DU SORGEN ... 114
8. Sonntag im Jahreskreis (Mt 6,24-34)

DAS FUNDAMENT 117
9. Sonntag im Jahreskreis (Mt 7,21-27)

ANSTÖSSIG 119
10. Sonntag im Jahreskreis (Mt 9,9-13)

UMSONST 121
11. Sonntag im Jahreskreis (Mt 9,36 - 10,8)

CHRISTEN MIT PROFIL 124
12. Sonntag im Jahreskreis (Mt 10,26-33)

GEWINN IM VERLUST 126
13. Sonntag im Jahreskreis (Mt 10,37-42)

EIN JUBELRUF 129
14. Sonntag im Jahreskreis (Mt 11,25-30)

ZEIT ZUR AUSSAAT 131
15. Sonntag im Jahreskreis (Mt 13,1-9)

WACHSEN LASSEN 134
16. Sonntag im Jahreskreis (Mt 13,24-30)

ALLES AUF EINE KARTE SETZEN 136
17. Sonntag im Jahreskreis (Mt 13,44-46)

ALLE WURDEN SATT ... 139
18. Sonntag im Jahreskreis (Mt 14,13-21)

IN SEENOT 142
19. Sonntag im Jahreskreis (Mt 14,22-33)

GRENZÜBERSCHREITUNG 144
20. Sonntag im Jahreskreis (Mt 15,21-28)

PETRUS 147
21. Sonntag im Jahreskreis (Mt 16,13-20)

DER FELS WANKT 149
22. Sonntag im Jahreskreis (Mt 16,21-27)

VERANTWORTUNG FÜR DEN SÜNDER 152
23. Sonntag im Jahreskreis (Mt 18,15-20)

LIEBENDE LEBEN VON DER VERGEBUNG 155
24. Sonntag im Jahreskreis (Mt 18,21-35)

GLEICHE GÜTE FÜR ALLE 157
25. Sonntag im Jahreskreis (Mt 20,1-16)

WAS MEINT IHR DAZU? 160
26. Sonntag im Jahreskreis (Mt 21,28-32)

DAS ENDE DER GEWALT 162
27. Sonntag im Jahreskreis (Mt 21,33-44)

EINGELADEN 165
28. Sonntag im Jahreskreis (Mt 22,1-14; Jes 25,6-10)

KIRCHE UND STAAT 167
29. Sonntag im Jahreskreis (Mt 22,15-21)

DAS WICHTIGSTE 170
30. Sonntag im Jahreskreis (Mt 22,34-40)

IHR NICHT! 173
31. Sonntag im Jahreskreis (Mt 23,1-12)

DIE MITTE DER NACHT IST DER ANFANG DES TAGES 175
32. Sonntag im Jahreskreis (Mt 25,1-13)

WENN DIE ANGST REGIERT 178
33. Sonntag im Jahreskreis (Mt 25,14-30)

DAS WELTGERICHT 180
Christkönigssonntag (Mt 25,31-46)

FESTE

AUS LIEBE ZUR WELT 185
Dreifaltigkeitssonntag (Joh 3,16-18)

AUS DER DECKUNG GEHEN 187
Allerheiligen (1 Joh 3,1-3)

TOTENGEDENKEN 189
Zu Allerseelen

Einleitung

Angepasst

Was kennzeichnet die Kirche in unseren Breiten? Sie ist heillos mit sich selbst beschäftigt, man denke nur an die leidigen Strukturreformen. Wir sind zu viel Kirche und zu wenig von Jesus geprägt. Unser Problem liegt nicht darin, dass wir uns zu wenig dem heutigen Lebensgefühl anpassen, sondern vielmehr darin, dass wir uns zu wenig an Jesus anpassen und nach ihm ausrichten. Wir haben ihn uns angepasst, statt dass wir uns ihm anpassen. Unsere Identität als Christinnen und Christen und als Kirche gewinnen wir nicht in Anlehnung an die Gesellschaft, sondern in der Nachfolge Jesu. – Wie kommen wir ihm auf die Spur? Wir finden ihn in seinem Wort, das uns die Evangelien überliefern. Im Lesejahr A kommt vorwiegend Matthäus zu Wort.

An erster Stelle

Mit dem Matthäusevangelium beginnt das Neue Testament. Dabei ist es nicht das älteste Evangelium (Matthäus greift auf Markus und auf die Logienquelle zurück), aber in seiner Auswirkung steht es durch die Jahrhunderte der Christentumsgeschichte an erster Stelle. Es hebt ja auch wie keines der anderen Evangelien die Kirche hervor (vgl. etwa 16,13–19). Sie ist dazu berufen, Salz der Erde und Licht der Welt zu sein (5,13–16).

Missionarische Prägung

Matthäus erzählt die Geschichte Jesu, des Messias in Israel. In dieser Geschichte spiegelt sich die Situation einer judenchristlichen Gemeinde wider. Der Evangelist hat dort aus nächster Nähe schmerzlich erfahren müssen, dass die Mission im eigenen Volk auf Ablehnung stößt. Der Bruch mit Israel ist vollzogen. Die Gemeinde des Evangelisten gehört nicht mehr zur Synagoge und muss sich neu orientieren. Nach dem Scheitern der Israel-Mission wendet sie sich den Heiden zu. So mündet das Evangelium in die Weisung des Auferstandenen: „... geht zu allen Völkern und macht alle Menschen zu meinen Jüngern" (28,19). Der Heilige Geist wird im Matthäusevangelium kaum erwähnt, wohl deswegen nicht, weil es sich mit Pneumatikern und Wundertätern auseinanderzusetzen hat. Nicht der Heilige Geist, sondern Jesus ist bei seinen Jüngern „alle Tage bis zum Ende der Welt" (28,20).

Messias der Tat
Matthäus betont nicht nur den Auftrag zur Mission unter allen Völkern, sondern auch die Praxis der Nachfolge. Er fasst den ihm vorliegenden Stoff in fünf längeren Reden zusammen. Die wichtigste ist die Bergpredigt. Sie endet mit dem Gleichnis vom Hausbau (7,24–27). Dort heißt es: „Wer diese meine Worte hört und danach *handelt*, ist wie ein kluger Mann, der sein Haus auf Fels baute" (24). Das Wort will getan sein. Jesus ist der Messias des Wortes und der Tat. Nach dem Tun ergeht das Gericht (25,31–46).

Bedeutung der Tora
Das Matthäusevangelium ist gegen Ende des 1. Jahrhunderts n. Chr. im Raum Syrien entstanden. Matthäus schreibt griechisch, aramäisch ist ihm nicht fremd. Er kennt sich in der Bibel Israels aus und schätzt die Tora. Er lässt Jesus zu Anfang der Bergpredigt verkündigen: „Denkt nicht, ich sei gekommen, um das Gesetz und die Propheten aufzuheben. Ich bin nicht gekommen, um aufzuheben, sondern um zu erfüllen" (5,17). Auf die Bedeutung der Tora weisen auch die zwölf Erfüllungszitate hin („... damit die Schrift erfüllt werde").

Tastend

Tastender Glaube, der Titel dieses Buches geht auf die Geschichte vom sogenannten ungläubigen Thomas zurück. Der tastet sich über die Wunden an Jesus heran (Joh 20,26–29). Diese Erzählung zeigt an, dass entsprechend der Perikopenordnung nicht nur Matthäus zur Sprache kommt, sondern gerade in der Osterzeit auch Johannes. Wenn schon die Evangelientexte tastende Versuche sind, sich Jesus zu nähern, dann erst recht ihre Auslegung. Sie ist nicht mehr als ein Versuch, sich an Jesus heranzutasten. So möge sie der Verkündigung seiner Botschaft dienen.

Franz Kamphaus

ADVENT

Es wird Zeit

1. ADVENTSSONNTAG
Schrifttext: Mt 24,19–44

Abbruch der Zeit
In unserer naturwissenschaftlich-technischen Zivilisation ist die Zeit wie ein Perpetuum mobile, eine leere Unendlichkeit. Es geht immer so weiter. Die Zeit ist eine Art neutraler Rohstoff, den man mit den Mitteln der Planung bearbeitet, um möglichst vor jeder Überraschung sicher zu sein. Bezeichnend ist, wie wir die Zeit messen. Frühere Generationen hatten die Sanduhr. Da sieht man, wie die Zeit verrinnt. Heute haben wir Digitaluhren. Sie laufen nicht ab, sie gehen immer weiter, als hätten wir ewig Zeit.

Aber wir machen doch auch ganz andere Erfahrungen: Ein Tag geht zu Ende, ein Jahr, ein Leben. Unsere Zeit ist befristet. Und nicht nur unsere persönliche Lebenszeit hat ein Ende, sondern die Zeit überhaupt: Sie ist endlich, bricht ab. Das stört unser modernes Zeitempfinden, wonach es immer so weitergeht. Sind wir nicht alle infiziert von jener quasi-religiösen Vorstellung der Evolution, die mit allem rechnet, nur mit dem einen nicht: dass nämlich eine Sekunde „zu der Pforte wird, durch die der Messias in die Geschichte tritt" (Walter Benjamin), und es deshalb Zeit wird für die Zeit. Davon spricht das Evangelium heute. Es spricht vom Abbruch der Zeit und vom Einbruch des Messias in unsere Zeit. Die Konsequenz für uns lautet: Lebt nicht einfach so dahin, als hättet ihr ewig Zeit!

„Seid also wachsam!"
Christen sollen keine Schlafmützen sein, sondern aufgeweckte Zeitgenossen, Leute, die auf der Hut sind. Wachen, ja, aber in welcher Erwartung? Worauf warten wir? Warten kann ganz unterschiedlich sein. Im Wartezimmer eines Arztes dehnt sich die Zeit endlos. Auf dem Bahnhof, wenn der erwartete Zug eine halbe Stunde Verspätung hat, wird das Warten zur Qual. – Es gibt Situationen, in denen ich das Warten ganz anders erlebe: als erregende Spannung, als Intensivierung der Zeit. So, wenn sich ein Freund/eine Freundin angekündigt hat. Wir haben uns über Wochen und Monate, vielleicht über Jahre nicht gesehen. Und jetzt steht das Wiedersehen vor der Tür. Was für ein erregendes Gefühl! Ich kann das Wiedersehen kaum erwarten, fiebere ihm entgegen.

Ich bin erwartet ...
Worauf warten wir? Worauf sind wir gespannt. Christen warten nicht auf etwas, sondern auf jemanden. Sie warten nicht auf das Ende der Welt, nicht auf einen bestimmten Termin wie die Zeugen Jehovas, die in ihren Wachttürmen immer neu Berechnungen anstellen über das Ende der Zeit. Solchen Spekulationen erteilt das Evangelium eine klare Absage: „Doch jenen Tag und jene Stunde kennt niemand, auch nicht die Engel im Himmel, nicht einmal der Sohn, sondern nur der Vater" (36). Mit anderen Worten: Spekuliert nicht über Zeitpunkte des Endes, sondern fangt an, auf die Spuren „des Menschensohnes" (vgl. 30) im Heute zu achten. Ihr findet sie jetzt. Er ist im Kommen. Ich bin mit meiner Erwartung an das Leben und an meine persönliche Zukunft aufgehoben in diese allumfassende Erwartung des Messias/Christus.

Und letztlich geht es nicht nur um meine/unsere Erwartung. In einem längeren geistlichen Gespräch mit einem älteren Mann fragte ich, was für ihn das ewige Leben sei. Die

Antwort: „Ich bin erwartet." Besser kann man es nicht auf den Punkt bringen: Ich bin erwartet, höchstpersönlich von Christus.

„Stimme, die in der Wüste ruft"

2. ADVENTSSONNTAG
Schrifttext: Mt 3,1–12

Wer sind wir?
Kennen wir uns eigentlich selbst? Das Allernaheliegendste ist zugleich das Allerschwierigste: zu sich selbst zu kommen und bei sich zu sein, nicht vor sich zu fliehen in alle möglichen Kontakte und Ablenkungen. Um die Wahrheit des eigenen Lebens zu ergründen, müssen die fremden Stimmen schweigen. A. Camus sagt, spätere Generationen könnten unsere Zeit hinreichend mit zwei Wörtern kennzeichnen: „Der moderne Mensch hurte und las Zeitungen" (heute würde man sagen: Er spielt mit dem Handy oder mit dem Computer). Mit anderen Worten: Er geht fremd, er ist nicht bei sich. Je weniger jemand mit sich im Reinen ist, desto mehr wird er vor sich weglaufen.

Wie schwer kann das sein, sich auszuhalten. Wie viel Kraft und Standfestigkeit braucht es, um das eigene Dunkel nicht zu verdrängen oder auf andere zu projizieren. Das ist ein langer Weg der Umkehr: Ich darf der sein, der ich bin, in meinen Grenzen. Ich muss keinen Stuss treiben, nicht etwas vortäuschen, was gar nicht da ist. Wert und Anerkennung muss ich mir nicht selbst verschaffen. Ich brauche sie mir nicht von anderen zu erbetteln oder zu erzwingen, sie sind mir von Gott geschenkt. Ich bin sein Ebenbild.

In der Wüste
Eine arabische Geschichte erzählt von einem Hund, der in der Wüste dem Verdursten nahe ist. Er rennt um sein Leben. Plötzlich sieht er vor sich eine Oase. Er kommt an den Rand des Wassers, erkennt darin sein Spiegelbild – und nimmt so schnell er kann Reißaus. Aber der Durst quält ihn und er kehrt um zum Wasser, erkennt sein Bild und ergreift wiederum die Flucht. Schließlich treibt es ihn mit letzter Kraft noch einmal zur Umkehr. Er steht am Rand der Oase, sieht sein Bild im Spiegel des Wassers, springt hinein – und ist gerettet.

Sehr zutreffend kann man den Raum unverstellten Lebens „Wüste" nennen; denn hier ist nicht mehr als das eigene Leben unmittelbar vor Gott. Die Wüste ist ein Ort der Bewährung, wie eine Stunde der Wahrheit. Mit ihrer trockenen Hitze schält sie den Lebewesen alles Überflüssige vom Leib, bis nur das bleibt, was zum Leben unerlässlich ist. Sie ist, sagen die Araber, der Garten, in dem Gott spazieren geht; also ein Raum letzter Fragen. Eben dort in der Wüste verkündet Johannes seine Botschaft zur Umkehr (2). Dorthin strömen „die Leute von Jerusalem und ganz Judäa und aus der ganzen Jordangegend ... und bekennen ihre Sünden" (5f.), dort liest er den Pharisäern und Sadduzäern die Leviten (7–10).

Vorläufer
Der Täufer weiß, dass das Heil nicht von ihm zu erwarten ist. Er ist der Vorläufer: „Der aber, der nach mir kommt, ist stärker als ich, und ich bin es nicht wert, ihm die Schuhe auszuziehen" (11). Johannes ist wie der Finger, der von sich selbst weg zeigt auf den Größeren hin. Sie kennen die Darstellung Johannes' des Täufers auf dem Isenheimer Altar. Die ganze Kraft dieser Gestalt sammelt sich in dem übergroßen Zeigefinger. Johannes ist ein einziger Hinweis auf den Messias: „Er ist stärker als ich" (11). Johannes versteht sich

als „eine Stimme, die in der Wüste ruft" (3). Augustinus sagt: Er ist die Stimme, Christus ist das Wort. Diesem Wort hat Johannes seine Stimme geliehen: „Bereitet dem Herrn den Weg! Ebnet ihm die Straßen!" (3), den Weg, auf dem man aufrecht gehen kann, ohne krumme Touren, ohne sich verstellen zu müssen.

Zeugen gefragt
Es ist Advent. Gottes Reich ist im Kommen, aber noch nicht am Ziel. Was in dieser Zeit des Suchens und Wartens gefragt ist, sind Zeugen wie Johannes. Unsere nicht christlichen Zeitgenossen erwarten keine religiösen Ansprachen. Sie sind der großen Worte und Appelle müde. Gefragt ist ein glaubwürdiges, ganz persönliches Wort, das durch das Leben gedeckt ist: Was lässt mich glauben und hoffen? Warum bin ich Christ? Warum bleibe ich es? Dort, wo ein Christ jemanden in sein Leben, in sein Herz schauen lässt, da geschehen auch heute Wunder. Christen, die mitten im Lebensalltag geistliches Profil zeigen – unaufdringlich aber erkennbar, selbstbewusst, aber demütig – lassen auch heute aufhorchen.

Ungewissheit und Wagnis
3. ADVENTSSONNTAG
Schrifttext: Mt 11,2–11

Bist du es?
„Bist du der, der kommen soll, oder müssen wir auf einen anderen warten?" (3). So fragt der Täufer Johannes (und nicht nur er!). Er tappt im Dunkeln, hinter Kerkertüren. Er hatte sich das Auftreten des Messias ganz anders vorgestellt. Er hatte gedacht, dieser werde die Axt an die Wurzel des

Baumes legen und die Gottlosigkeit mit Stumpf und Stiel ausrotten; er werde die Tenne blank fegen, also reine Bahn schaffen. Und jetzt? – Nichts von alledem! Es bleibt scheinbar alles beim Alten. Die Ungerechtigkeit triumphiert wie eh und je: Herodes treibt weiter sein Unwesen und er, Johannes, sitzt im Gefängnis, ihm sind die Hände gebunden. Lässt der Messias/Christus, auf den er sein Leben gesetzt hat, ihn sitzen? Der Zweifel nagt an seiner Seele. Das ist die Situation, aus der heraus die Frage aufsteigt: „Bist du der, der kommen soll, oder müssen wir auf einen anderen warten?" (3). Das ist keine rhetorische Frage, dahinter steht der unbeugsame Zeuge Johannes mit seiner Not und den Rätseln, die ihm der Messias aufgibt. Er will wissen, wo er dran ist.

Wo bleibst du?

Johannes fragt, wie viele Menschen fragen, Menschen wie Sie und ich: „Bist du der, der kommen soll ...?" Warum tritt deine Macht so wenig in Erscheinung? Warum merkt man kaum etwas von deinem Kommen? Haben wir nicht gerade heute den Eindruck, dass der Messias mehr im Gehen als im Kommen ist? Dass er immer mehr an Boden verliert, in uns und um uns herum? Was uns oft bedrängt und anficht, ist die scheinbare Wirkungslosigkeit des Glaubens. 2000 Jahre christliche Geschichte und wir finden die Welt in denselben Furchtbarkeiten wie eh und je: Terror und Krieg, die Zerstörungen der Umwelt und Innenwelt. Wo bleibt der Messias?

Lässt du mich hängen?

Erfahren wir sein Schweigen nicht auch ganz persönlich? Viele fragen: Warum lässt Gott mich hängen? Hat er mich ganz vergessen? – Wir sind keine Gottesbesitzer. Müssen wir nicht eingestehen, dass unser Glaube sich oft wenig auswirkt und unser Leben in Wirklichkeit von ganz anderen

Mächten regiert wird? Es ist ja nicht so, dass wir immer nur gleichgültig sind und nichts tun. Wir wollen's oft gut machen und versagen doch. Wo zeigt sich die Kraft des Messias in unserem Leben? Vieles, was er uns verheißen hat, lässt auf sich warten. Und viele werden darüber ungeduldig: Ist auf Christus Verlass? Macht er Versprechen und hält sie nicht? „Bist du der, der kommen soll?"

Zeichen am Weg
Jesus lässt die Frage des Täufers nicht unbeantwortet. Er selbst ist die Antwort, mit seiner Botschaft und seinem Handeln, mit seinem Leben. Da gibt es durchaus Wunderbares zu sehen und zu hören: „Blinde sehen, Lahme gehen ... und den Armen wird das Evangelium verkündet" (5): Keine heile Welt, aber Zeichen des Heils in der Welt. Die sollten wir aufspüren, sie tragen über unsere kleinen Schritte und großen Anstrengungen weit hinaus, himmelweit. Sie sind von der Erde zum Himmel sich streckende Keime der Hoffnung, die nichts in der Welt zerstören kann.

Johannes wird nicht aus dem Gefängnis befreit und rehabilitiert. Er bleibt hinter Gittern, bis der Henker kommt und seinen Kopf fordert. Die Frage wird an ihn zurückgegeben, Jesus nimmt ihm die Antwort nicht ab: „Selig ist, wer an mir keinen Anstoß nimmt ...", wer nicht irrewird, wenn Gott ihm anders begegnet, als er es sich gedacht hatte. Selig, wer keinen Anstoß daran nimmt, dass der Herr der Welt in Niedrigkeit und Schwachheit kommt, sich im Kreuz offenbart, in Gestalt seiner wehrlosen Liebe. Mit dem Messias Jesus Christus werden die Verheißungen Gottes nicht rundum erfüllt, sondern bekräftigt. Das Warten geht weiter, auch für uns Christen. Wir stehen im Advent.

Aus Gott geboren

4. ADVENTSSONNTAG
Schrifttext: Mt 1,18–24

Menschwerdung

Das Matthäusevangelium beginnt mit dem Stammbaum Jesu. Mancher von Ihnen erinnert sich an die vielen Namen, bei denen man sich die Zunge brechen kann. Der Stammbaum ist dem Evangelisten so wichtig, dass er ihn allem voraus an den Anfang setzt. Was will er uns sagen?

- Jesus ist nicht wie ein Komet vom Himmel gefallen, er hat eine menschliche Geschichte. er gehört in die Generationenfolge einer bestimmten Familie. Er ist wahrhaftig Mensch geworden, nicht scheinbar, sondern leibhaftig. Er ist keine göttliche Idee, menschlich verkleidet. Er ist in Fleisch und Blut eingegangen, er hat Hand und Fuß.
- Der Stammbaum verschweigt nicht die dunklen Punkte in der Geschlechterfolge. Salomo ist aus dem Ehebruch Davids mit der Frau des Urija geboren. Die Babylonische Gefangenschaft, dieser Tiefpunkt der Geschichte Israels, wird ausdrücklich erwähnt. Jesus ist in unsere Welt gekommen mit ihren Abgründen und Dunkelheiten, dorthin, wo wir leben, dorthin, wo Sünder und Sünderinnen sind, verlorene Söhne und Töchter. Jesus, ein Mensch wie Sie und ich – und doch ganz anders.

Vom Heiligen Geist

Die Generationenfolge im Stammbaum des Matthäus bricht auf einmal ab. Da heißt es: „Jakob war der Vater von Josef, dem Mann Marias; von ihr wurde Jesus geboren, der der Christus (der Messias) genannt wird" (16). Danach setzt dann der Abschnitt ein, den wir heute als Evangelium gehört haben. Da wird gesagt, dass Maria ein Kind erwarte – „durch das Wirken des Heiligen Geistes". Und ein Engel offenbart dem Josef im Traum, er solle Maria als seine Frau zu sich nehmen, „denn das Kind, das sie erwartet, ist vom Heiligen Geist" (20). Zweimal also wird ausdrücklich betont, was wir im Credo bekennen: „empfangen durch den Heiligen Geist, geboren von der Jungfrau Maria".

Jesus ist nicht etwa nur vom Geist Gottes erwählt und berufen, sondern aus seiner Kraft geboren. Im Unterschied zu den Führern und Propheten Israels ist der Geist nicht nur im Laufe seines Lebens über ihn gekommen, er begründet seine Existenz. Er bricht durch ihn in die Welt ein und eröffnet die messianische Heilszeit. Was geschah, als der Geist Gottes am Morgen der alten Schöpfung Leben entstehen ließ (Gen 1,2), das widerfährt in ähnlicher Weise Maria. Gottes Geist erschafft in ihr und durch sie die neue Schöpfung. Der Messias Jesus hat seinen Ursprung in der Schöpferkraft Gottes. In seinem Leben, in seinem Sterben und Auferstehen zeigt sich, wes Geistes Kind er ist. Er ist von Anfang an, im Ganzen seines Daseins vom Heiligen Geist.

Gott rettet

Bei einem Kind sagen wir oft: Schau mal, ganz der Vater, ganz die Mutter ... Jesus ist nicht einfach nur aus seinem jüdischen Stammbaum erwachsen. Er ist auch nicht eine Gipfelleistung der Menschheit, ein Glücksfall der Evolution. Es gibt nichts im Schoß der Natur, nichts in der menschlichen Fruchtbarkeit, das ihn hervorbringen könnte. Er hat seinen Ursprung in Gott: Auch den Namen erfährt Josef durch den Engel im Traum. Der Name Jesus sagt alles: Gott rettet – Gott heilt. Er ist der Heiland. In ihm ist der Schritt vollzogen vom verheißenen „Immanuel" (Jes 7,14) zur konkreten Person des Erlösers.

Die Jungfrauengeburt ist ein Zeichen für die Gottesgeburt, für das Gottesgeschenk mit Namen Jesus. Mitten in unserer alten Welt, im Schoß der Jungfrau Maria beginnt eine neue Welt. Jesus ist unvergleichlich, allen unseren Möglichkeiten voraus. Je länger ich ihn mit anderen vergleiche, desto klarer weiß und glaube ich: Er ist einmalig, durch nichts und niemanden zu ersetzen. Ohne ihn sähe die Welt, sähe mein Leben anders aus. Um nichts in der Welt möchte ich auf ihn verzichten. Wie gut, dass es ihn gibt. Ich vergleiche ihn mit den vielen, die selbst Heiland sein wollen und sich zum Retter anderer ernennen – und doch nur hilflose Helfer sind. Wie gut, dass er allein der Heiland und Messias ist! Wir verdanken ihn Gott. Der hat ihn uns geschenkt. Weil das wahr ist, darum feiern wir Weihnachten.

WEIHNACHTEN

Einfach entwaffnend

WEIHNACHTEN
Schrifttext: Lk 2,1–14

Unter Gewaltverdacht

Kaum eine Frage hält die Welt derzeit so in Atem wie das Problem Religion und Gewalt. Selbstmordattentate und Gotteskrieger nähren das dunkle Gefühl, die Religion sei die Wurzel des Übels. Wenn höchste Gefahr ausgeht von Wahnsinnstaten, bei denen im Namen von Religion Menschen zu lebenden Bomben werden, dann muss die Religion diese Bombe schleunigst entschärfen, oder besser: Sie darf es gar nicht erst zu dieser Perversion kommen lassen.

Wir würden es uns viel zu leicht machen, wenn wir nur mit dem Finger auf den Islam oder auf den Islamismus zeigen. Auch Christen haben häufig genug Glaubenskriege geführt, ganz gegen das Evangelium. – Religion unter Gewaltverdacht, das ist das Problem. Was sagen Sie dazu?

Wehrlos

Mancher wird denken: Das ist nicht in einem Satz zu sagen. – Und wenn man die Antwort doch auf den Punkt bringen will? Sie ist uns buchstäblich mit Weihnachten in die Wiege gelegt. Gott fängt von vorne an, ganz unten im Stall. Wer denkt da an Gewalt, wenn er die Krippe von Betlehem sieht? Gott ein armes Menschenkind: Gerade das, sagt der Engel, „soll euch als Zeichen dienen: Ihr werdet ein Kind finden, das, in Windeln gewickelt, in einer Krippe liegt" (Lk 2,12). Ein Kind wird zum Zeichen. Die Urkunde des Christentums steht nicht im Zeichen des starken Mannes, sondern eines wehrlosen Kindes. Das ist jenseits aller Gewalt. Ein Kind ist einfach entwaffnend. Das ist Jesus. „Entäußert sich all seiner Gewalt ..." (Gotteslob 247,3).

Das prägt sein ganzes Leben. Jesus durchbricht in seinem Reden und Handeln, in seinem ganzen Verhalten den Kreislauf der Gewalt. Auch als der Teufel ihm einflüstert: Nun lass doch mal endlich deine Macht spielen und zeig, was du kannst, da widersteht er der Versuchung, die Welt mit Gewalt in Ordnung zu bringen. Er ist sich treu geblieben, entwaffnend in seiner Wehrlosigkeit. Statt dreinzuschlagen ging er den mühsamen Weg der Liebe zu Ende, bis zum Kreuz. Krippe und Kreuz, Betlehem und Golgota liegen nicht nur geografisch dicht beieinander. Das ist unser Ursprung: Jesus Christus. Davon leben wir, wenn wir unserem Glauben treu bleiben wollen. Daran ist unsere Christentumsgeschichte, daran sind wir zu messen in Sachen Religion und Gewalt.

Der Gott, an den wir glauben

Oft sagen wir: Wir glauben ja doch alle an denselben Gott. Das klingt ungemein modern. Vielleicht haben Sie selbst das auch schon öfter gesagt: Wir glauben doch alle an einen Gott. Das ist leicht gesagt, zu leicht! Stimmt das? An welchen Gott glauben wir? Das ist nicht egal. Christen können nicht an den Gott der Gotteskrieger glauben, die sich auf den Islam berufen. Der Gott, an den wir glauben, ist wehrlos wie ein Kind, gewaltfrei von der Krippe bis zum Kreuz. Er ist ein entschiedenes Plädoyer für die Gewaltfreiheit im Umgang miteinander. Gewalt ist keiner der Namen Gottes.

„Allah ist groß", rufen die Muezzine von den Minaretten. Das ist wahr, aber es ist nicht alles, was von Gott zu sagen ist. Seine Transzendenz, seine Göttlichkeit weist nicht nur nach oben in die Höhe, sondern auch nach unten in die

Tiefe. Gott ist so klein wie das Kind in der Krippe. Das verkünden die Muezzine nicht. Die Menschwerdung Gottes ist für den Islam eine Gotteslästerung; für den Christen ist sie der Inbegriff des Glaubens. Sie prägt unser Gottesbild und unser Menschenbild, sie prägt unsere Einstellung zur Gewalt. Christen glauben an den Gott, der keine Gewalt brauchte, um sich durchzusetzen, der auch dem Letzten noch Bruder geworden ist. Wir können nur dankbar sein, dass wir an diesen Gott glauben dürfen.

Eine Flüchtlingsfamilie
SONNTAG IN DER WEIHNACHTSOKTAV
Schrifttext: Mt 2,13–15.19–23

Familienidylle?
Heilige Familie – die Familie ist uns heilig. Warum eigentlich? Sie ist ein Lernort des Lebens und des Glaubens. An der Hand ihrer Eltern erfahren die Kinder, dass sie dem Leben trauen können und Gott. Sie lernen, mit ihm ins Gespräch zu kommen, also zu beten. Sie lernen überhaupt, Beziehungen aufzunehmen, mit Ängsten umzugehen und Vertrauen zu gewinnen. Wer sich angenommen weiß, der kann Ja zu sich selbst sagen und zu anderen. In der Familie erleben Eltern und Kinder, dass sie geliebt werden und fähig sind zu lieben. Hier können soziale Verantwortung und Solidarität wachsen, hier entscheidet sich, ob jemand lebenstüchtig wird und gemeinschaftsfähig. Das alles betrifft auch Jesus. Er ist in einer Familie aufgewachsen. Heilige Familie, sagen wir: Jesus, Maria, Josef. Das ist alles andere als ein Idyll.

Auf der Flucht

Das Evangelium ist wenig stimmungsvoll, wenig „weihnachtlich". Es spricht von einer friedensbedrohlichen Situation. Der macht- und angstbesessene König Herodes gerät in Panik und will brutal zuschlagen, als er von der Geburt Jesu hört. Josef wird im Traum durch einen Engel gewarnt und flieht mit seiner Familie bei Nacht und Nebel. Jesus wird also nicht das „Schlaf in himmlischer Ruh" gesungen, er teilt das Los der Flüchtlingskinder. Seine Eltern fliehen mit ihm nach Ägypten, in das Land also, in dem Israel unter der Knute des Pharao zu leiden hatte. Dorthin kommt Jesus, um wie sein Volk einst das Schicksal des Fremdlings zu tragen, von dort zieht er dann aus (wie Israel im Exodus) ins Gelobte Land. – In all diesen Ereignissen ist Gottes Führung am Werk. Er beschützt und bewahrt seinen Sohn. Er wird allen Widerständen zum Trotz das Heil, das er mit Israel begonnen hat, für alle Welt vollenden. Josef ist sein gehorsamer Diener. Schweigend vollzieht er, was ihm im Traum aufgetragen wird.

Am Rande des Unheils

Vom Augenblick seiner Geburt im Schafsstall an lebt Jesus in unserer Welt, so wie wir sie erfahren mit alledem, was sich in ihr ständig ereignet an Unmenschlichkeit und Grausamkeit. Wer den Blick von dieser Seite unserer Welt abwendet, wer nichts von all dem Bösen in ihr wissen will, der wendet sich von der Welt ab, die Gott für so wichtig hält hat, dass er sich mitten in sie hineinbegeben hat. Sein Heil setzt sich durch, dicht am Rande des Unheils. Das Evangelium zeigt uns Jesus von Anfang an solidarisch mit allen Vertriebenen und Flüchtlingen, den um ihre Zukunft betrogenen Kindern. Weihnachten kommt Gott in sein Eigentum, aber die Seinen nehmen ihn nicht auf (vgl. Joh 1,11). Findet er bei uns eine Herberge?

Christenpflicht

Die Erzählung von der Flucht der Heiligen Familie provoziert die Frage nach unserer Solidarität mit den Menschen auf der Flucht. Da dürfen wir uns als Christen nicht mit dem Hinweis auf staatliche Stellen aus unserer Verantwortung stehlen. Wir an erster Stelle stehen hier in der Pflicht. Jesus, der das Flüchtlingsschicksal geteilt hat, steht vor der Tür und klopft an: „Ich war fremd und obdachlos und ihr habt mich (nicht!) aufgenommen" (Mt 25,35.43). In der Flüchtlingsfrage steckt also eine Christusfrage. Öffnen wir ihm die Tür? Nicht weil uns alle Menschen sympathisch sind, sollen wir sie aufnehmen, sondern weil sie Brüder und Schwestern Christi sind und er selbst in ihnen vor uns steht.

Etwa 50 Millionen Menschen sind weltweit auf der Flucht, darunter viele Familien. Sie werden oft auseinandergerissen, haben also besonders zu leiden. Mit den Flüchtlingen rücken uns zugleich die Ursachen ihrer Flucht auf den Leib: Krieg, Terror, Hunger und Armut. Sie hängen wie wir an ihrer Heimat, sie ziehen nicht ohne Not in die Fremde. Wir können uns das Elend der übrigen Welt nicht vom Halse halten, wir können nicht so tun, als lebten wir in unserem Land auf einer Insel der Sicherheit und des Wohlstands. Die Flüchtlinge sind eine Herausforderung an unser Christsein. Lassen Sie uns der Erwartung Christi mehr trauen als den vielen Widerständen um uns und in uns!

Neujahr

OKTAVTAG VON WEIHNACHTEN
Schrifttext: Lk 2,16–21

„Höre nie auf, anzufangen; fange nie an, aufzuhören." Also fangen wir an: einen neuen Tag, einen neuen Monat, ein neues Jahr. Jedem Anfang wohnt bekanntlich ein Zauber inne. Freilich, die Liturgie heute nimmt darauf kaum Bezug. Der Oktavtag von Weihnachten ist angesagt, mit den Hirten, die zur Krippe eilen. Der Anfang des neuen Jahres fällt mit dem Anfang zusammen, den Gott mit der Geburt Jesu gesetzt hat.

Von Mensch zu Mensch

Gott fängt neu an, überraschend und ungewöhnlich. Denn was sehen die Hirten schließlich? „Maria und Josef und das Kind, das in der Krippe lag" (16). Ist das alles? Was hat das mit Engeln und Himmel zu tun, was mit Gott? Kann Gott sich so sehen lassen? Hier zeigt er sein wahres Gesicht. Er begegnet uns in Augenhöhe, von Mensch zu Mensch. Ein hilfloses Kind ist nicht unbedingt ein überwältigender Gottesbeweis, für viele eher eine Zumutung. Und doch, näher war Gott nie: all denen, die selbst hilflos sind und angewiesen auf Schutz und Wärme; all denen, die leicht übersehen werden und an denen man am liebsten möglichst schnell vorbeigeht; uns allen in unserer Zerrissenheit und unserem Hunger nach Leben. Gott begegnet uns im Alltag der Welt. Im Gewöhnlichen ist er zu finden, der ganz und gar Ungewöhnliche.

Schritt für Schritt

Von den Hirten heißt es: „Sie eilten hin" (16). Das mag vielen zu schnell gehen. Wer kann schon mit ihnen Schritt halten, wenn der Glaube knapp geworden ist? Was für sie damals ein schneller Weg war, ist für uns eine lange Strecke mit viel Gepäck. Unsere Schritte sind schwer geworden, manches liegt quer und versperrt uns den Zugang. – Ich möchte mit den Hirten gehen. Ich möchte von ihnen lernen, dass kleine Schritte mehr bringen als große Worte. Ich möchte mich von ihnen bewegen lassen. Bringt uns die Weihnachtsbotschaft auf die Beine zu Christus hin und zu den anderen Menschen?

Boten des Evangeliums

Wir können von den Hirten lernen, dass es darauf ankommt, selbst mit der Verkündigung des Evangeliums anzufangen. Was sie hören, erzählen sie weiter, und die Leute können nur staunen darüber (vgl. 17f.). Die Hirten werden zu Boten der Botschaft, die sie empfangen haben. Sie, die ganz einfachen Leute, die Nicht-Studierten, die Laien, sie sind die ersten Boten des Evangeliums. Sie setzen die Sendung der Engel fort. Wer die Botschaft hört, sagt sie weiter. Wer sich nur selbst daran erbauen will, hat sie wohl nie richtig gehört. Gott braucht Zeugen, die mit ihrer Glaubenserfahrung nicht hinterm Berg halten.

Im Alltag der Welt

Die Hirten kehrten um zu ihren Herden, nicht in müder Verdrossenheit: „Sie rühmten Gott und priesen ihn für das, was sie gehört und gesehen hatten" (20). Das Gotteslob wird laut im Alltag ihrer Welt. Dort sind sie von der Ankunft Gottes getroffen worden, dort erfüllt sich ihre Sendung. Ich wünsche mir, wir könnten in unserem Alltag etwas von diesem Lob rüberbringen. Weihnachten bringt uns auf Spuren, die weit über uns selbst hinausführen. Auch der schönste und spannendste Weg beginnt mit dem ersten Schritt. Den müssen wir selber tun, hinein in unsere alltägliche Welt.

Dort ist unser Platz, dorthin sind wir gerufen. Aber nicht so, als sei nichts geschehen. Aus den Hirten sind keine Könige geworden, und doch hat sich bei ihnen etwas getan, wie bei Menschen, die dem Leben auf die Spur gekommen sind – in dem neugeborenen Kind. In ihm schenkt Gott uns allen einen neuen Anfang. Wir sind nicht am Ende, weder mit der Welt noch mit der Kirche noch mit uns selbst, mit niemandem. Wir können anfangen.

Der Anfang

2. SONNTAG NACH WEIHNACHTEN
Schrifttext: Joh 1,1–5.9–14

Kein Allerweltswort

„Im Anfang war das Wort ..." (1) – was fangen wir damit an? Wir sprechen eine andere Sprache: „Im Anfang war die Tat." So steht's im „Faust" bei Goethe als Inbegriff neuzeitlichen Bewusstseins. Das ist eine erregende Szene: Faust sitzt in seiner Studierstube und will den Anfang des Johannesevangeliums ins Deutsche übersetzen. „Im Anfang war das Wort" missfällt ihm. „Ich kann das Wort so hoch unmöglich schätzen, ich muss es anders übersetzen." Er überlegt hin und her, bis er's hat: „Auf einmal sehe ich Rat und schreibe getrost: Im Anfang war die Tat." Unmittelbar danach erscheint Mephisto auf der Bühne. Der Teufel ist los, wenn die Welt ein Produkt der eigenen Tat wird.

„Im Anfang war das Wort ..." (1). Damit fängt's an – Weihnachten und nicht nur an Weihnachten, sondern überhaupt: „Alles ist durch das Wort geworden ..." (3), die ganze Schöpfung. Gott hat sein Wort gesprochen: Kein Allerweltswort, es hat einen Namen: Jesus Christus. Sein Wort ist eingegangen in unser Fleisch und Blut.

Empfangene
Daran scheiden sich die Geister. Das Evangelium macht uns da gar nichts vor. „Er kam in sein Eigentum, aber die Seinen nahmen ihn nicht auf ..." (11). Aber das ist nicht alles, was zu sagen ist. Vielmehr heißt es weiter: „Allen aber, die ihn aufnahmen, gab er Macht, Kinder Gottes zu werden, allen, die an seinen Namen glauben, die nicht aus dem Blut, nicht aus dem Willen des Fleisches, nicht aus dem Willen des Mannes, sondern aus Gott geboren sind" (12f.). Nicht, nicht, nicht ... Dreimal dieses „nicht". Nicht aus der eigenen Tat; nicht aus den eigenen Trieben und Antrieben; nicht aus der naturwüchsigen Kraft. Menschen sind vielmehr gemeint, die sich Gott verdanken, die wissen, dass sie von Anfang an Empfangene sind und es bleiben. Wer das als die Wahrheit seines Lebens erkennt und bekennt, ist davon befreit, sich selbst „produzieren" zu müssen, er ist wie neu geboren, „aus Gott geboren" (13).

Gottesgeburt in uns
Gott ist nicht nur in Betlehem geboren, er möchte in uns und durch uns zur Welt kommen. „Süßer Immanuel, werd' auch in mir nun geboren ..." (Gotteslob 251,7). Wir sind ein Geburtsort Gottes! Kann man Größeres vom Menschen sagen? Gott wartet im Grunde unseres Herzens. Schade nur, dass wir so wenig dort zu Hause sind. Wie schwer ist es, „in sich" zu gehen und „zu sich" zu kommen. Aber wie anders können wir Gott begegnen? So groß das Ziel der Gottesgeburt ist, so mühsam ist der Weg, so eng wie der Geburtskanal, durch den ein Kind zur Welt kommt. Man darf sich die inneren und äußeren Widerstände des Geburtsvorganges

nicht ersparen. Herbergssuche und Exil, Krippe und Kreuz erinnern an die Wehen und die Geburtsschmerzen, unter denen Gottes Wort zur Welt kommt. Aber wenn es geschieht, wenn es in uns Gestalt annimmt? „Die aus Gott Geborenen sind die Säulen der Welt und die Pfeiler der Kirche", sagt der Mystiker Johannes Tauler. Die Welt wartet auf sie, und die Kirche nicht weniger.

Sternstunde
ERSCHEINUNG DES HERRN
Schrifttext: Mt 2,1–12

Ein Geschenk des Himmels
Sternstunden – die kennen wir doch, nicht nur vom Hörensagen. Die friedliche Revolution 1989 war eine Sternstunde für unser Land und für die ganze Welt. Denken Sie an Sternstunden in Ihrem persönlichen Leben: Begegnungen, die Ihnen neue Welten eröffnet haben, Begegnungen, die Ihr Leben tragen. Sternstunden kommen nicht alle Tage; aber man kann noch nach Jahren davon erzählen. Sie sind wie ein Geschenk des Himmels. Das Evangelium erzählt von Menschen, die eine Sternstunde erlebt haben, eine Sternstunde ihres Lebens und darüber hinaus eine Sternstunde der Menschheit. Noch heute erzählen wir davon, noch heute bringt sie junge Menschen in Bewegung: die Sternsinger.

Bewegung
Die „Sterndeuter aus dem Osten" (1) haben von den messianischen Verheißungen gehört, sie haben vom Messias gehört (vgl. die Lesung Jes 60,1–6). „Sein Stern" hat sie zum Aufbruch veranlasst, und nun sind sie von dieser einen Fra-

ge bewegt: Wo ist der zu finden, auf den der Stern am Himmel hinweist? „Wo ist der neugeborene König der Juden?" (2). Mit dieser Frage kommen sie nach Jerusalem. Sie wenden sich an die Hüter der Verheißung: Wisst ihr Näheres? Die haben auf Anhieb die passende Antwort parat, aus der einschlägigen Literatur. Aber die reißt sie selbst nicht vom Stuhl, sie bleiben sitzen. Manche Fromme waren noch nie unterwegs oder sie sind es schon lange nicht mehr. Aufbrechen, unterwegs sein, das ist das Gegenteil von „Sitzungen". Die beschäftigen uns oft stundenlang und man wird den Eindruck nicht los, dass sich nichts bewegt. Wird man von der Kirche unserer Tage sagen können: „Und sie bewegt sich doch!"? – näher zu Christus, näher zu den Menschen hin?

Der geerdete Stern

Der Stern, der die Sterndeuter in Bewegung bringt, dieser „Stern, den sie hatten aufgehen sehen, zog vor ihnen her bis zu dem Ort, wo das Kind war" (9). Dort ist die Mission des Sterns am Firmament beendet, ein neues Licht geht den Sterndeutern auf. Der wahre Stern ist nicht am Himmel zu finden, sondern auf der Erde, in unserem Fleisch und Blut. Die „Herrlichkeit des Herrn" kommt nicht wie ein riesiges Feuerwerk vom Himmel herab. Der Herr erscheint als Kind, er kommt als Mensch zu Menschen. Epiphanie Gottes in unserem Fleisch.

In die Knie gehen

Die Sterndeuter gehen vor dem Messias in die Knie. Sie werfen sich nieder und huldigen ihm. Sie geben zu erkennen, wer sie sind und wer er ist, dass sie Menschen sind und er der Christus ist, der Sohn Gottes. Sie vertrauen sich ihm an, sie überlassen sich ihm. „Brot ist wichtig, die Freiheit ist wichtiger, am wichtigsten aber sind die ungebrochene Treue und die unverratene Anbetung" (Alfred Delp). Es gibt eine

Freiheit, die nur der erfährt, der sich vor Gott niederwirft und ihn anbetet. Er braucht vor nichts und niemandem sonst in die Knie zu gehen.

Sternstunden verändern das Leben. Man geht anders aus ihnen heraus, als man in sie eingetreten ist. – „Häng deinen Karren an einen Stern!" Nicht an irgendeinen, sondern an *den* Stern Jesus Christus.

Die Initiation

TAUFE DES HERRN
Schrifttext: Mt 3,13–17

Einer von uns

Warum hat Jesus sich taufen lassen? Er ist doch der Messias, der Sohn Gottes. Warum dann die Taufe? Schon der Täufer Johannes stellt diese Frage: „Ich müsste von dir getauft werden, und du kommst zu mir?" (14). Was ist das für ein Messias, der sich vom Geringeren taufen lässt? Er hat's doch gar nicht nötig! Warum denn dann? – Das ist Jesus: Er macht das „Wer-ist-der-Größte-Spiel" nicht mit. Frei von der Angst um sich selbst, stellt er sich ganz zu den Menschen. Er braucht keine Privilegien. Jesus – einer von uns! Und zugleich weiß er sich gerade so von Gott getragen, weiß er: Was dem Willen Gottes entspricht, tut mir keinen Abbruch. Er kann sich ganz Gott überlassen. Das besagt seine Antwort auf die Frage des Täufers. Sie ist das erste Wort, das Jesus im Matthäusevangelium spricht, darum von besonderer Bedeutung: „Lass es nur zu! Denn nur so können wir die Gerechtigkeit, die Gott fordert, ganz erfüllen" (15). Mit anderen Worten: Nur so können wir Gottes Willen gerecht werden. Das ist Jesu Lebens- und Sterbensthema.

Der geliebte Sohn Gottes

Jesus erscheint in dieser Erzählung nicht als Kind (in der Krippe), sondern als Erwachsener. Die Taufe ist sein erster Auftritt in der Öffentlichkeit, eine Art Initiation. Als er aus dem Wasser des Jordan steigt, wird offenbar, in welchem Horizont er zu sehen ist:

- „Da öffnete sich der Himmel ..." (16). Über Jesus ist der Himmel offen. Gott greift ein. – „Reiß doch den Himmel auf und komm herab ...", so hatte Israel zu Gott geschrien (Jes 63,19). Und hier bei der Taufe nun reißt der Himmel auf und gibt Einblick in das Geheimnis Jesu.
- Das Herniederfahren Gottes geschieht, indem der Geist auf Jesus herabkommt. Derselbe Geist, der am Anfang der Schöpfung wirkt (vgl. Gen 1,2), erschafft auch die neue Schöpfung. Durch Jesus bricht der Geist in die Welt ein und eröffnet die Heilszeit, die Zeit des Heiligen Geistes.
- Gott bestätigt und beglaubigt in aller Öffentlichkeit Jesus als seinen geliebten Sohn. Er, der sich auf die Seite der Menschen geschlagen hat und ihr Leben teilt, gerade er ist der Erwählte. Die ganze Erzählung ist auf die Proklamation des Himmels ausgerichtet. Gott will (und das ist das Ziel des ganzen Evangeliums) die Wahrheit über Jesus ans Licht bringen, er will zeigen, wer dieser Jesus ist: Er ist der geliebte Sohn Gottes.

Unsere Taufe

Der Taufe Jesu zu Beginn seines öffentlichen Wirkens korrespondiert der Schluss des Matthäusevangeliums: Jesu Auftrag an die Jünger zur weltweiten Mission und Taufe. Die Evangelien sprechen nicht davon, dass Jesus getauft hat. Das ist eher unwahrscheinlich. Umso verwunderlicher ist es, dass die Taufe schon bald nach Ostern zum entscheiden-

den Kennzeichen der Christen wird. Nicht weil Jesus getauft hat, sondern weil er getauft worden ist, tauft die Kirche. Bei aller Einmaligkeit und Besonderheit der Taufe Jesu zeigt sich an ihr, was die christliche Taufe bedeutet: eine Gleichgestaltung mit Christus.
- Mit Christus stehen wir unter dem offenen Himmel.
- Durch ihn empfangen wir Gottes Geist.
- Weil er der Sohn Gottes ist, sind wir Kinder Gottes.

Das macht unsere Taufe aus. Wir sind nicht mit allen Wassern gewaschen, sondern mit einem bestimmten, das uns aus der Taufe Jesu zufließt. Das lässt uns ins Reine kommen. Das garantiert unsere Einmaligkeit, unsere Originalität. – „Am Ende sprach Rabbi Sussja: In der kommenden Welt wird man mich nicht fragen: Warum bist du nicht Mose gewesen? Man wird mich fragen: Warum bist du nicht Sussja gewesen?" (Martin Buber). Jeder ist ein Unikat.

FASTENZEIT

Die Versuchung

1. FASTENSONNTAG
Schrifttext: Mt 4,1–11

Jesus ist versucht worden, nicht zum Schein, sondern tatsächlich, nicht am Rande, sondern in der Mitte seiner Existenz: in seinem Verhältnis zu Gott. In der Auseinandersetzung mit dem Satan zeigt sich, was „Sohn Gottes" bedeutet und wo die Götzen lauern. Die Versuchung entzündet sich an drei entscheidenden Lebensfragen:

Wovon leben wir?
Wovon hat Jesus gelebt? Das zeigt sich in der Wüste: 40 Tage und 40 Nächte nur Sand und Steine, kein Brot – das geht an die Substanz. Das bringt Jesus in Versuchung zu glauben, es ginge allein darum, den leiblichen Hunger zu stillen, letztlich drehe sich das Leben ums Essen (vgl. L. Feuerbach: Der Mensch ist, was er isst!). Jesus war versucht zu denken, das Mitleid mit der Not der Menschen zeige sich vor allem darin, ihnen Brot zu geben.

Der Teufel will Jesus vorgaukeln, man müsse den Menschen nur satt machen. Als wenn das alles wäre! Nein, es ist nicht damit getan, den Menschen satt zu machen; es kommt darauf an, dass er im Leben Erfüllung findet. Gemessen an der menschlichen Sehnsucht ist das, was die Erde an Lebensmitteln bietet, wie die Steine in der Wüste. Es wäre teuflisch, sie zu Brot zu erklären, sich selbst das Brot des Lebens machen zu wollen. Wenn das, was wir uns selbst verschaffen, unser Ein und Alles ist, dann haben wir den Götzen leibhaftig vor uns, ein Machwerk unserer Hände. Jesus lehnt ab. Der Mensch lebt nicht vom Brot allein, er stirbt am Brot allein. Sehen wir nicht, wie er am Brot allein zugrunde geht? Er ist zu groß, als dass er an sich selbst oder an den Dingen der Welt genug fände. Er „lebt nicht nur von Brot, sondern von jedem Wort, das aus Gottes Mund kommt" (4). Er lebt davon, dass Gott sich ihm zuwendet und ihn trägt. Was ihm mangelt, ist Gott. Gott allein genügt.

Worauf ist Verlass?
„Stürz dich hinab" (6) oben vom Tempel, will der Teufel Jesus einreden. ‚Du musst dich doch auf den Schutz der Engel verlassen können. Wie willst du es wagen, im Namen Gottes zu sprechen und dein Leben einzusetzen, wenn du keinen handfesten Beweis hast, dass Gott dich trägt? Mach doch die Probe aufs Exempel.' Jesus lehnt ab. Gott lässt sich nicht als Beweismittel missbrauchen. Man kann sich nicht absichern wollen. Solch garantierter Glaube wäre in Wirklichkeit Unglaube.

Der Teufel gibt sich ganz fromm, er führt Gottes Wort im Mund (vgl. 6). Man kann das, was Gott den Menschen sein und sagen möchte, auf diabolische Weise verdrehen, unter vollständiger Beibehaltung des Wortlauts. Das ist die Versuchung der Religion: Die Spannung von Vertrauen und Dankbarkeit, von Liebe und Freiheit wird aufgelöst, der Glaube wird zum Faktor eigener Kalkulation und Besitzansprüche verkehrt. Da zeigt der Götze sein wahres Gesicht.

Vor wem gehen wir in die Knie?
Der Teufel führt Jesus auf einen sehr hohen Berg und zeigt ihm „alle Reiche der Welt mit ihrer Pracht ... Das alles will ich dir geben, wenn du dich vor mir niederwirfst und mich anbetest" (8f.). Für einen Kniefall die ganze Welt! Darin steckt die Versuchung, sich dem Gesetz der Herrscher in dieser Welt zu unterwerfen, um die sogenannten klaren Verhältnisse zu schaffen. Jesus widersteht dieser Versuchung.

Seine Sendung steht nicht im Zeichen der Macht, sondern im Zeichen der Entäußerung aller Macht. Sein Königsweg ist der Weg der Erniedrigung.

Jesus beruft sich in der Abwehr der satanischen Versuchung auf die Heilige Schrift: „Vor dem Herrn, deinem Gott, sollst du dich niederwerfen und ihm allein dienen" (10). Der wahre Herrscher über die Menschen ist nicht der Mensch, sondern Gott. Seine Herrschaft durchkreuzt die Herrschaft von Menschen über Menschen. In der Anbetung Gottes gründet die Freiheit des Menschen.

Verklärung

2. FASTENSONNTAG
Schrifttext: Mt 17,1–9

Gipfelerfahrung

Man kann lange mit einem Menschen zusammenleben, ohne zu wissen, wer er eigentlich ist. Dann kommt ein Augenblick, da fällt es einem wie Schuppen von den Augen und man blickt durch. Die Jünger sind schon eine ganze Zeit mit Jesus zusammen und erleben, wie er predigt und Menschen an Leib und Seele heilt. Sie fragen sich immer wieder: Wer ist der? Was sie an ihm sehen, ist nicht alles. In einer bestimmten Situation auf dem Gipfel eines „hohen Berges" (1) gehen ihnen die Augen auf. Nie haben sie Jesus in dieser Klarheit gesehen: Er ist der Sohn Gottes. Eine beglückende Erfahrung, eine Gipfelerfahrung.

Ausstrahlend

Für einen Augenblick leuchtet das Ziel auf. Die drei auserwählten Jünger Petrus, Jakobus und Johannes können wie durch einen Türspalt Jesus im Lichtglanz Gottes schauen, eins mit ihm in seiner Klarheit. Sie werfen einen Blick in einen Raum, den sie noch nicht betreten dürfen, der ganz erfüllt ist von der kommenden Herrlichkeit ihres Herrn: Licht von jenseits der Todesgrenze. Da berühren sich Himmel und Erde.

„… seine Kleider wurden blendend weiß wie das Licht" (2), heißt es. Die Jünger erleben Christus in göttlicher Strahlkraft, ausstrahlend. Das ist eine Sternstunde für sie, davon können sie noch lange erzählen (vgl. 2 Petr 1,16–19).

Die Stimme von oben aus der Wolke wiederholt das göttliche Offenbarungswort von der Taufe Jesu: „Das ist mein geliebter Sohn …" (5). Keiner steht Gott näher als er, keiner zeigt den Weg zum Vater so klar wie er, keiner verkörpert wie er die Gegenwart Gottes. Wenn die Kraft der Vision nachlässt, wenn die Bilder verblassen, wenn die Schatten der Berge die Täler verdunkeln, gilt es, auf ihn zu hören. Da „sahen sie nur noch Jesus" (8).

Ein Lichtblick
Petrus möchte auf dem Berg der Verklärung bleiben. Er möchte zum Augenblick sagen: „Verweile doch! Du bist so schön!" (Goethe, Faust). Er ist ganz „weg": „Herr, es ist gut, dass wir hier sind. Wenn du willst, werde ich hier drei Hütten bauen, eine für dich, eine für Mose und eine für Elija" (4).

„Doch alle Lust will Ewigkeit,
will tiefe, tiefe Ewigkeit" (Friedrich Nietzsche).

Die erlebte Lust will Ewigkeit, aber sie ist nicht selbst schon Ewigkeit und kann sie auch nicht herstellen. Die Gotteserfahrung ist ein Beziehungsgeschehen, sie lässt sich nicht konservieren, nicht festhalten. Es ist wie beim Blitzlicht: Etwas leuchtet auf, wird erfahrbar, und dann ist es weg. Aber der Lichtblick weitet die Sehnsucht.

Aufstieg und Abstieg

Petrus fällt nichts anderes ein als zu bauen. Er will das Gelobte Land hier und jetzt und in Ewigkeit, er will es ohne den Marsch durch die Wüste, Tabor ohne Golgota, Ostern ohne das Kreuz. Er möchte für immer und ewig einen strahlenden Herrn. Er träumt von einem Christus auf dem Berg, der mit den alltäglichen Niederungen nichts mehr zu tun hat, der alles auf einen Schlag selig verwandelt. Er sträubt sich gegen den Weg bergab in die harte und konfliktreiche Realität im Tal.

Die Gipfelerfahrung hat ihren Aufstieg und ihren Abstieg. Der Aufstieg in das Gottesgeheimnis erfordert Geduld und Ausdauer. Man kommt ins Schwitzen. Aufstieg und Abstieg sind notwendig, damit das Erfahrene haften bleibt. Wer Höhepunkte erlebt, muss auch wieder herunterkommen, darf den Tiefpunkten des alltäglichen Lebens nicht ausweichen. Doch die strahlende Gotteserscheinung, die „lichten Momente" werden ihren Glanz nie völlig verlieren. Davon bleibt immer etwas hängen, nicht nur in den Kleidern. Oft sind es nur Augenblicke, die uns durch lange Durststrecken tragen. Aber ohne sie werden wir auf der Talsohle nur schwer überleben. Gott schenke uns solche Augenblicke, in denen wir ganz auf der Höhe sind, unseres Glaubens gewiss.

Am Brunnen

3. FASTENSONNTAG
Schrifttext: Joh 4,5–42

Wasser des Lebens
Stille Wasser gründen tief. Brunnen sind stille Wasser. Sie gründen tief. So der Jakobsbrunnen, von dem das Evangelium erzählt. Jakob ist der Stammvater Israels. Er hat den Brunnen gegraben. Generationen sind dorthin gegangen, um Wasser zu schöpfen. Wir wissen: Ohne Wasser kann der Mensch nicht leben. Wer zu wenig trinkt, wird krank. Wasser ist lebensnotwendig. Wasser und Brunnen stehen für Leben. – Wir haben heute unsere eigenen Brunnen. Das Wasser kommt aus dem Kran; die neusten Nachrichten, die man sich früher am Brunnenrand erzählte, kommen aus Fernsehkanälen oder Smartphones. Wie tief gehen unsere Brunnen?

Tabubruch
Zunächst ist alles ganz alltäglich in dieser Geschichte. Jesus ist müde von der Wanderung und setzt sich in der Mittagszeit an den Brunnen. Da kommt eine samaritische Frau, um Wasser zu holen, und Jesus spricht sie an: „Gib mir zu trinken!" (7). Wir ahnen gar nicht, welches Tabu er damit bricht. Juden verachten die Samariter – ähnlich wie heute die Palästinenser. Die Frage der Frau sagt alles: „Wie kannst du als Jude, mich, eine Samariterin, um Wasser bitten?" (9). Und damit nicht genug, Jesus bricht ein zweites Tabu: Er spricht mit einer Frau. Auch das ist damals mehr als ungewöhnlich und erregt Anstoß bei den Jüngern (vgl. 27). Aber so ist Jesus. Da haben wir nach zwei Jahrtausenden Christentum noch einiges aufzuholen.

Lebensdurst

Übrigens, die Frau hat ihre Geschichte. Männergeschichten sind's, das Übliche! Jesus sagt ihr das auf den Kopf zu. Die Männer konnten ihren Lebensdurst nicht stillen. Jesus will ihr das Wasser, von dem sie bisher gelebt hat, abgraben, um ihr neue Lebensquellen zu erschließen. Er spricht vom „lebendigen Wasser", aus dem, wie aus einer Quelle, „ewiges Leben" strömt. Er spricht von sich selbst als dem Messias, der gekommen ist, um unseren unbändigen Lebensdurst zu stillen (vgl. 13f.).

Das Gespräch am Brunnenrand hat das Alltägliche längst durchstoßen. Hebt es ab in schwindelnde Höhen? Nein, es geht in die Tiefe; es geht dem Durst auf den Grund. Der ist nicht da erreicht, wo Menschen ihren täglichen Bedarf an Wasser abdecken. Lebensdurst und Lebenshunger sind unstillbar, lassen sich nicht mit Lebensmitteln abspeisen. Leben ist mehr als Essen und Trinken, und Leben braucht mehr als Essen und Trinken. In alldem ist etwas zu wenig. Es muss im Leben mehr als alles geben. Fragen wir uns: Wo sprudeln die Quellen meines Lebens, woher bekomme ich meine Lebenskraft?

Taufbrunnen

Der Jakobsbrunnen in einer kleinen Kapelle nahe dem Berg Garizim ist heute in der Obhut orthodoxer Mönche. Wer dorthin kommt, findet direkt vor dem Brunnen einen alten Taufstein. Mit dem Wasser aus der immer noch sprudelnden Quelle wird die Taufe gespendet. Wenn wir nach der Quelle suchen, die Wasser ewigen Lebens spendet – in der Taufe ist sie uns geschenkt. Die Taufe ist noch immer die eine Quelle, aus der alle Christen leben. An dieser Quelle treffen wir uns trotz aller Verschiedenheiten und Brunnenvergiftungen im Laufe der Geschichte. Sie sammelt uns zur Mitte hin, zu Christus, dem Quell ewigen Lebens.

Am Anfang des Christenlebens steht die Taufe aus dem Wasser und dem Heiligen Geist. Der Geist Jesu eröffnet uns einen neuen, ungeahnten Lebensraum, er eröffnet uns Gott und befreit uns gerade dadurch zum Leben. Dann werden wir selber für andere zum Brunnen, der dazu einlädt, sich nicht am Rande aufzuhalten, sondern tiefer zu schauen auf die eigene Existenz und auf die Fragen der Welt. Ein Brunnen, bei dem die Erschöpften und müde Gewordenen sich setzen können, sich erfrischen und stärken. Ein Brunnen, an dem neue Brunnengeschichten beginnen können und ihre Kreise ziehen, wie damals am Jakobsbrunnen: „Da ließ die Frau ihren Wasserkrug stehen, eilte in den Ort und sagte zu den Leuten: Kommt her, seht, da ist ein Mann, der mir alles gesagt hat, was ich getan habe: Ist er vielleicht der Messias? Da liefen sie hinaus aus dem Ort und gingen zu Jesus" (28–30). Warum soll das nicht auch heute geschehen können?

Wenn die Augen aufgehen ...

4. FASTENSONNTAG
Schrifttext: Joh 9,1–41

Wer hat Schuld?
Womit habe ich das verdient? Die Frage kennt jeder, nicht nur von Hörensagen. In belastenden Situationen holt sie uns ein, raubt uns den Schlaf. Eltern mit einem behinderten Kind kommen oft gar nicht weg über diese Frage: Was haben wir denn getan, dass uns das getroffen hat? Womit haben wir das verdient? – Und wenn dann noch in der Umgebung geredet wird: Irgendetwas war da doch; kein Wunder ...

Die Jünger hier im Evangelium denken genauso. Als sie dem Blinden begegnen, ist ihre erste Frage: Wer hat Schuld? „Wer hat gesündigt?" (2). Der Blinde selbst? Die Eltern? Da muss doch etwas dahinterstecken, dass der Mann blind ist. Die Jünger denken, es gäbe einen berechenbaren Zusammenhang zwischen Tun und Ergehen, Schuld und Leiden. Deshalb haben sie auch so schnell ihre Erklärung für das Schicksal des Blindgeborenen parat. Für sie ist klar: Behinderung ist eine Strafe Gottes. Für Jesus geht das Denken und Fragen der Jünger in eine ganz falsche Richtung. Er will nicht nur dem Blinden das Augenlicht schenken, er will das alte Verhängnis von Tun und Ergehen, von Sünde und Leiden durchbrechen und allen die Augen öffnen für Gottes Handeln an den Menschen: „Weder er noch seine Eltern haben gesündigt, sondern das Wirken Gottes soll an ihm offenbar werden" (3). Wo Jesus ist, ist Gott am Werk. Da hat das alte Vergeltungsschema ausgedient.

Wozu machen wir Gott?
Drei Gründe vor allem sprechen gegen die überkommene Vorstellung, Leiden als Sündenstrafe zu verstehen:
- Wozu machen wir Gott, wenn wir ihn zum Strafrichter einsetzen? Welche dunklen Absichten unterstellen wir ihm da? Ist das der Gott, den Jesus offenbart hat, der Vater, der dem verlorenen Sohn entgegenkommt?
- Die Erfahrung zeigt, dass Menschen, die als fromm gelten, von Krankheit und Unglück nicht verschont werden, während andere, die sich um Gott und den Nächsten nicht scheren, ihr Leben im Überfluss genießen. Das Leid trifft nur allzu oft Unschuldige. Kinder müssen leiden und sterben. Ist das Strafe? Und nicht zuletzt: Jesus hat leiden müssen – zur Strafe? Gott bewahre! Er hat aus Liebe zu uns Menschen sein Leben gegeben.

- Wenn Leiden als Strafe verstanden wird, dann hat der Mensch sich in Geduld darin zu schicken („Trag's in Geduld!"). Dann schwindet der Widerstand gegen das Leid. Dann wird man nur noch Wunden verbinden, aber nicht mehr die Ursachen der Verwundung aufdecken und bekämpfen.

Kein Wunder?
Leiden als Strafe, das ist zu kurz gegriffen. Es ist nicht zu bestreiten, dass es einen Zusammenhang geben kann zwischen Tun und Ergehen. Wer gegen die Gesundheit sündigt, muss es büßen. Schuld kann krank machen, depressiv. Raubbau an der Natur rächt sich. Aber man darf aus solchen Erfahrungen kein Gesetz konstruieren, keinen Automatismus. Dann degradiert man Gott schließlich zum Gefangenen eines Vergeltungssystems. Das gerade hat Jesus durchbrochen. Leider ist das Christentum diesem revolutionären Durchbruch über weite Strecken nicht gefolgt, es ist in das überholte Schema zurückgefallen. Die Älteren unter uns haben noch im Katechismus gelernt: „Gott belohnt das Gute und bestraft das Böse, so wie es ein jeder verdient." Ähnlich findet sich das in den anderen Religionen; es sitzt uns Menschen in den Knochen. Werden wir es in unserem alltäglichen Denken, Reden und Verhalten im Namen Jesu überwinden?

Er will uns von der quälenden Frage befreien, wer warum wann was falsch gemacht hat. Die Frage nach der Schuld soll nicht länger blind machen für die Zukunft. Anstatt nur eine rückwärtsgewandte Ursachenforschung zu betreiben, geht es Jesus darum, nach vorne zu blicken. Die Jünger meinen: Schaut die Eltern an – kein Wunder! Und Jesus öffnet dem Blinden die Augen; mehr noch: Er schenkt ihm den Durchblick, ihn als den Heiland, als das „Licht der Welt" zu erkennen. Ein Wunder!

Protestler gegen den Tod

5. FASTENSONNTAG
Schrifttext: Joh 11,1–45

Im Friedwald
Vor einiger Zeit war ich zum ersten Mal in einem Friedwald am Rande von München – also nicht auf dem Friedhof, sondern eben im Friedwald. Ein alter Schulfreund, der vor einem Jahr gestorben war, hatte diese Form der Bestattung gewählt. Nun ging ich also mit seiner Frau zu dem Ort im Friedwald, an dem die Urne beigesetzt war. Ein würdiger Platz unter einer Esche, an der auf einer kleinen Tafel sein Name stand mit den Lebensdaten. Die Frau – keine Christin – sagte: Wenn ich hier bin, fühle ich mich nicht auf dem Friedhof, sondern wie im Wald. Sie sprach vom Kreislauf des Lebens, vom Eingehen in die Natur. Kann man nicht verstehen, dass für viele Menschen die Natur alles ist? In dem Maße, wie Gott aus dem Bewusstsein schwindet, nimmt die Natur für sie göttliche Züge an. Vorletztes wird zum Letzten. Alles ist Natur, und Natur ist alles!

Schluss mit Naturromantik
Je älter ich werde, desto mehr sträubt sich in mir alles gegen eine solche Naturseligkeit. Ist das alles, was wir vom Leben zu erwarten haben? Ist das die Erfüllung unserer Sehnsucht? Geht sie nicht weit über die Natur hinaus? Sicher, der Eindruck des Friedwaldes an einem herrlichen Frühlingstag ist stark. Es grünt und blüht: Die Bäume und Sträucher sprießen, Stiefmütterchen wachsen und andere Blumen und Waldkräuter. Das Leben quillt aus allen Poren. Die Naturkräfte sind am Werk. Aber es ist, wie wenn sie stumm und kalt, ganz teilnahmslos über die Toten wegge-

hen. Die Natur fragt nicht nach ihnen. Sie lässt Gras darüber wachsen. Keine Erinnerung wird laut, kein Aufschrei und Protest gegen den Tod – wie wenn die Verstorbenen gedankenlos in den Abgründen der Natur verschwinden. So ist das mit der Menschenblume, sagt der Psalm: „Fährt der Wind darüber, ist sie dahin; der Ort, wo sie stand, weiß von ihr nichts mehr ..." (103,16). An den Gräbern vergeht alle Naturromantik. Die Natur findet keine hinreichende Antwort auf die Frage, die der Tod uns stellt. Dem Menschen, sagt der christliche Glaube, antwortet letztlich nicht die Natur, sondern Gott mit seinem zukunftsfähigen Wort: Jesus Christus!

Kontrastzeichen

Wir wissen, dass wir sterben müssen. Keiner weiß, wann. Jeder weiß, dass! Wir wissen, dass wir sterben müssen, aber wir wollen davon nichts wissen. Es jagt uns Angst ein. Deshalb verdrängen wir es möglichst weit aus unserem Bewusstsein. Anzeichen des Todes verleugnen wir meist. – Demgegenüber ist die Lazarus-Erzählung ein Kontrastzeichen. Sie schaut dem Tod ins Gesicht. Aber er behält nicht mehr das letzte Wort. Wir werden ermutigt, ihn zu hinterfragen, zu relativieren, sodass wir es nicht mehr nötig haben, ihn aus unserem Bewusstsein zu verdrängen.

Ich bin die Auferstehung, ich bin das Leben, sagt Jesus. Ich bin gekommen, damit du nicht im Schrecken vor dem Tod lebst, damit aus deinem Leben zwischen Geburt und Sterben eine Kostbarkeit wird und keine rastlose Hetze von einer Erschütterung in die andere. Es geht also nicht nur um das Leben nach dem Tod, sondern auch und nicht zuletzt um das Leben vor dem Tod. Unser aller sterbliches, vergängliches Leben kann schon jetzt mit ewigem, unvergänglichem Leben erfüllt werden. Dafür bürgt der Name Jesus

Christus. Er ist nicht nur eine Hilfe im Sterben, sondern eine Ermutigung zum Leben. Er ist Garant des Lebens, das nicht totzukriegen ist.

Im Schatten des Kreuzes

PALMSONNTAG
Schrifttext: Mt 26,14 – 27,66

Eine Schattengeschichte
„Weshalb haben Sie das Kreuz in Ihrem Zimmer hängen?", fragte mich eine Besucherin. Ich stutzte. Was soll ich antworten? Sie fragte nach meinem Kreuz. Sie wollte wissen, was es mir in meinem Leben bedeutet, nicht als Dekoration im Zimmer, nicht als Kunstwerk, sondern als Lebensinhalt. Ich antwortete mit einer kleinen Geschichte:

„Es war einmal ein Mann, den ängstigte der Anblick seines eigenen Schattens so sehr, dass er beschloss, ihn hinter sich zu lassen. Er sagte zu sich: Ich laufe ihm einfach davon. Also stand er auf und lief davon. Aber der Schatten folgte ihm mühelos. Er sagte zu sich: Ich muss schneller laufen. Also lief er schneller und schneller, lief so lange, bis er tot zu Boden sank ..."

Zum Davonlaufen
Flucht vor dem Schatten – die kennt jeder, der sich selber kennt. Es ist oft zum Davonlaufen, weg von den Konflikten, weg von den zerbrochenen Beziehungen, den verfehlten Lebensentscheidungen, weg von den Halbheiten und Inkonsequenzen. Wir sind, wie wir sind: oft allzu menschlich, meist sehr durchschnittlich, zu wenig christlich. Dadurch, dass man heute nur noch spöttelnd oder gar nicht mehr von Sün-

de spricht, ist sie ja nicht aus der Welt. Die alte Schlange denkt gar nicht daran, sich aus dem Staub zu machen. Ganz im Gegenteil: Sie hat es sich gemütlich gemacht in unserem Alltag und treibt dort ihr Unwesen. Wenn man den eigenen Schwächen auf die Spur kommt und seinen Schatten wahrnimmt, kann's einem Angst einjagen und in die Flucht treiben: weg, nichts wie weg, ja nichts mehr davon hören, ja nichts mehr davon sehen. Was immer wir tun, wir können unserem Schatten nicht entkommen. Er folgt uns auf dem Fuß. Davonlaufen ist also keine Lösung. Wir müssen uns ihm stellen. Das ist leichter gesagt als getan. Wo die Kraft finden, seinen Schatten anzunehmen?!

Der Baum des Lebens
Die Erzählung hat noch einen Nachsatz: „Wäre der Mann in den Schatten eines Baumes getreten, so wäre er seinen eigenen Schatten losgeworden. Aber darauf kam er nicht." Kommen Sie darauf, oder ich? Wo ist der Baum, der uns mit unserem Schatten aufnimmt? Hier sind wir mit der Weisheit der Erzählung am Ende. Hier beginnt eine andere Geschichte, jene, die Gott ins Werk gesetzt hat. Er hat sich der Sache angenommen, er hat unseren Schatten angenommen. Er hat in unserer Mitte einen Baum aufgerichtet, den Baum des Kreuzes. Er lädt uns ein, dass wir uns unter das Kreuz stellen. Wer das tut, der muss nicht mehr von Angst gejagt vor seinem Schatten fliehen. Er kann dazu stehen, weil er sich im Schatten des Kreuzes geborgen weiß. Er muss seine Schuld nicht verharmlosen, verschleiern oder verdrängen, er kann sie so ernst nehmen, wie sie ist. Er muss sie nicht bei anderen suchen oder in den anonymen Strukturen, er kann an seine eigene Brust schlagen. Wer immer wir sind und wie immer wir belastet sind mit unserer Lebensgeschichte – wir dürfen in den bergenden Schatten des Kreuzes treten. Damit sind nicht mit

einem Schritt alle Probleme gelöst und alle Konflikte versöhnt. Wer wollte das sagen angesichts des Kreuzes! Aber wir haben unter dem Kreuz einen Ort, wo wir aufrecht stehen können, mit unserem Versagen und zu unserem Versagen. Darum besingen wir das Kreuz als den Baum des Lebens.

Warum das Kreuz in meinem Zimmer hängt? Es erinnert mich jeden Tag daran, dass ich unter diesem Lebensbaum aufrecht stehen kann.

Der letzte Platz

GRÜNDONNERSTAG
Schrifttext: Joh 13,1–15

Aus welcher Position?
„Wie stehst du zu ihm?", fragen wir. In der Kommunikation spielt die Ebene, von der aus wir uns zueinander verhalten, ein wichtige Rolle: Stehen wir höher?, tiefer? oder auf gleicher Ebene? Wir sehen uns gern höher als die anderen. Dann schauen wir auf sie herab oder über sie weg und übersehen sie. Wir tragen den Kopf hoch oder die Nase, werden also hochnäsig und lassen uns von oben herab. Da ist es schon viel wert, wenn wir mit den anderen auf gleicher Stufe stehen, uns also auf Augenhöhe begegnen, von Mensch zu Mensch. Solidarität ist gar nicht selbstverständlich. So wichtig sie ist, sie ist nicht alles.

Ganz unten
Jesus ist dabei nicht stehen geblieben. Er steigt herunter auf die unterste Stufe. Er bückt sich tief und geht vor den Jüngern in die Knie. Er wäscht ihnen nicht den Kopf, sondern die Füße. Nicht mit herablassender Gebärde! Die Liebe

braucht sich nicht herabzulassen, sie ist schon unten. Von dort eröffnet sich ein ganz anderer Blick auf die Menschen, nicht von oben herab, sondern von unten herauf. Im Aufschauen zum anderen erkennen wir seine Würde.

Wir suchen Jesus meist irgendwo ganz oben, und wir finden ihn ganz unten auf dem Boden. Er ist nicht auf dem ersten, sondern auf dem letzten Platz, und das nicht etwa nur pro forma. Er hat nicht vorübergehend eine Rolle gespielt. Der letzte Platz ist der Platz seines Lebens. Jesus lässt das Unterste und Niedrigste, für das wir uns immer wieder zu schade sind, nicht unerledigt. Er beugt sich unter unsere Last. Er trägt sie bis zum bittern Ende, bis zum Tod am Kreuz. – Ertragen hat bei uns keinen guten Klang. Wir setzen auf Veränderung. Sicher, was sich zum Besseren wenden lässt, soll geändert werden. Aber es gibt Verhältnisse in uns und um uns, die kaum zu ändern sind. Da muss man sich tief bücken und die Last auf sich nehmen. Das kann im besten Sinne des Wortes subversiv sein, das kann eine Umkehr von unten bewirken.

Dreck am Stecken

Die Reaktion des Petrus ist bezeichnend: „Niemals sollst du mir die Füße waschen!" (8). Er merkt: Das hat Konsequenzen für das eigene Verhalten: Leichter ist es, Jesus den Ehrenplatz zu geben, als sich mit dem letzten Platz anzufreunden. Und leichter ist es, jemandem die Füße zu waschen, als sie sich waschen zu lassen. Denn da muss ich eingestehen, dass meine Füße dreckig sind, dass ich es nötig habe, sie waschen zu lassen. Ich muss mir helfen lassen, mein Versagen und meine Schuld aufzuarbeiten. Wer meint, er bedürfe des Waschens nicht, hat keine Gemeinschaft mit Jesus: „Wenn ich dich nicht wasche, hast du keinen Anteil an mir" (8).

Die Erzählung von der Fußwaschung endet mit einer Seligpreisung: „Selig seid ihr, wenn ihr das wisst und danach handelt" (17). Wir meinen vielleicht, die Position auf unterster Ebene sei alles andere als beseligend. Und doch, wir werden erfahren, dass das nicht die schlechtesten Stunden in unserem Leben sind, in denen wir statt von oben herab von unten zum anderen aufschauen und seine Last mittragen. So sind wir Kirche von unten.

Die Mitte

KARFREITAG
Schrifttext: Joh 18,1 – 19,42

Kein Platz mehr
Immer noch hängt das Kreuz in Wohnungen und Krankenzimmern, steht öffentlich sichtbar an Wegen, in Feldern und Weinbergen. Unverkennbar trifft man es aber zunehmend seltener an. In meiner Jugend gab es in katholischen Gegenden kaum einen Raum ohne Kreuz, kaum ein Schlafzimmer, in dem es nicht über dem Bett hing. Das war des Guten zu viel und hat sich inzwischen ins Gegenteil gewendet: Das Kreuz ist nicht mehr selbstverständlich, eher die Ausnahme. Wenn umgezogen oder renoviert wird, verliert es oft genug seinen angestammten Platz. Statt wieder an der Wand zu hängen, verschwindet es in einer abgelegenen Schublade, liegt verpackt in einem Karton oder landet auf dem Müll. In den meisten Fällen ist es gar nicht die offene Ablehnung, die dem Kreuz entgegenschlägt, sondern pure Verlegenheit. Man weiß nicht mehr recht, was man damit anfangen soll. In einer Gesellschaft, in der sich religiöse Überzeugungen verflüchtigen, hat das Zentralsymbol des christlichen Glau-

bens keinen Platz mehr. Ob man bedenkt, was mit dem Kreuz verlorengeht?

Eine furchtbare Lücke

Reinhold Schneider erzählt in seiner Novelle „Die Schächer ohne den Herrn", wie 1566 bei einem Aufruhr in Flandern Heiligtümer geschändet wurden. Über Nacht schien das Heilige entweiht. Die Aufständischen vergriffen sich schließlich an einer lebensgroßen Kreuzigungsgruppe. Sie ließen die Kreuze der Schächer stehen, stürzten aber das Kreuz Jesu in der Mitte um. Sie zerschlugen das Bild des Erlösers „und schonten die Bilder der Schächer, in denen sie Abbilder ihres eigenen Wesens sehen mochten ... Die Schächer ohne den Herrn. Eine furchtbare Lücke klaffte zwischen den beiden Kreuzen; nun war auch der Reumütige verloren, dem der Herr das Paradies verheißen hatte; denn der Herr, der ihn dahin führen wollte, war ihm entrissen. Und in welcher Verlorenheit stand das Kreuz des Lästerers! Der Mittler war verschwunden, die Mitte war leer ..." Ohne Mitte verliert sich alles im Nichts. Es ist die wahre Hölle, wenn der Hilfeschrei in letzter Not kein Echo findet, wenn das Antlitz der Zuwendung Gottes und seine offenen Arme verschwinden. Das Kreuz Jesu ist durch nichts zu ersetzen.

Dornenkrone statt Lorbeerkranz

Ein anstößiger Glaube, der den Gekreuzigten zum Bild seiner Botschaft macht. *Das* christliche Zeichen ist nicht der strahlende Sieger, der unberührt über den Leiden der Menschen und unangefochten über seinem eigenen Schicksal steht, nicht der Held mit dem Lorbeerkranz, sondern der gekreuzigte Gottessohn mit der Dornenkrone. Er opfert nicht andere, er opfert sich selbst. Er geht die dunklen Wege unserer Ohnmacht und Erbärmlichkeit mit. Er durchleidet nicht nur die Todesqual, sondern auch das Grauen des Zweifels und schreit hinaus, dass er von Gott verlassen ist.

Es ist und bleibt für uns anstößig: Erlöst sind wir nicht durch die Macht der Mächtigen, sondern durch die Teilnahme Gottes an unserer Ohnmacht, durch sein Mitleiden und seine Treue bis in den Tod. Dadurch gewinnen Ohnmacht und Leid nicht aus sich heraus erlösende Kraft. Gerettet sind wir durch die Liebe, die bis zum Letzten geht, bis zur Hingabe des Lebens. Sie eröffnet den Zugang zum neuen Leben in der Auferstehung.

OSTERZEIT

Nicht zu fassen

OSTERSONNTAG
Schrifttext: Joh 20,1–18 (11–18)

Zum Weinen
Maria Magdalena weint. Viermal wird das gesagt in dieser Erzählung. ‚Frauen weinen, ein Mann weint nicht …', heißt es. Maria Magdalena weint, die Jünger weinen nicht. Sie sind gar nicht da, weder bei der Kreuzigung noch zunächst am Ostermorgen. Wie immer man die Erzählungen der Evangelien wendet: Am Ende sind die Männer weg, und die Frauen sind da. „Frau, warum weinst du?" (13), fragen die Engel. Die Tränen haben ihren Grund. Es geht hier nicht um irgendwen oder irgendetwas, sondern um Jesus. Maria Magdalena weint, weil sie Jesus verloren hat. Haben Sie schon einmal geweint, weil Sie Jesus verloren haben? Würde Sie das so tief treffen? Jesus verlieren – mancher wird denken: Ich kann mir das für mich kaum vorstellen. Und dann muss er es bei seinen Kindern erleben. Das kann einem das Herz zerreißen, das ist zum Weinen.

Auf der Suche nach Jesus
Maria Magdalena sucht Jesus. Sie sucht den Leichnam im Grab: „Man hat meinen Herrn weggenommen und ich weiß nicht, wohin man ihn gelegt hat" (13). Sie sucht Jesus in der Vergangenheit, bei den Toten. Aber dort ist er nicht zu finden. Sie hätte aufmerken können: das leere Grab, die Engel … Wir haben gut reden. Wenn jemand ganz am Ende ist, todtraurig, mit Tränen in den Augen, dann blickt er schließlich nicht mehr durch. Maria ist so rückwärtsgewandt, dass sie nicht sieht, wie Jesus lebendig vor ihr steht.

Die Wende

„Maria", sagt Jesus, dieses eine Wort, das von Herzen kommt und zu Herzen geht. Das ist alles. Keine Belehrung, keine feierliche Erklärung in Sachen Auferstehung, schon gar nicht ein Appell, sondern ganz einfach: „Maria", du, dich rufe ich bei deinem Namen. Da gehen ihr die Augen auf. Sie ist gefunden von dem, den sie sucht. „Meister", sagt sie. Das hebräische Original ist sogar ins griechische Evangelium aufgenommen: „Rabbuni" ist kaum zu übersetzen an dieser Stelle. – So entsteht der Osterglaube, in der Begegnung mit dem Auferstandenen, in Wort und Antwort der Liebe, namentlich.

Zweimal wird gesagt, dass Maria sich umdreht: die große Wende vom Tod zum Leben. Sie sucht – rückwärtsgewandt – den Leichnam und findet – vor sich – den Auferstandenen. Da dreht sich alles um. Da gerät der Mensch außer sich:
- heraus aus der Suche nach dem Verlorenen im Grab
- heraus aus der lähmenden Herrschaft des Todes.

Das ist nicht zu fassen ... Ostern, der Auferstandene – nicht zu fassen! „Halte mich nicht fest", sagt Jesus zu Maria. Er ist nicht zu fassen. Ganz der Alte? Gerade nicht! Es geht nicht einfach so weiter wie vorher. Neues hat sich ereignet: Auferstehung! Kaum zu glauben, nicht zu begreifen. Man kann sich „nur" ergreifen lassen – wie in der Liebe. Da gerät man außer Fassung.

Apostola apostolorum

Nicht zu fassen ... wie soll man das anderen vermitteln? Maria wird auf den Weg geschickt: „Geh zu meinen Brüdern und sag ihnen ..." (17). Und sie tut's. Sie macht sich auf den Weg und verkündet den Männern: „Ich habe den Herrn gesehen" (18). Die erste Osterzeugin! Apostola apostolorum, sagen die Kirchenväter. Sie gehört nicht zu den zwölf Aposteln und ist doch die Erste, die die Osterbotschaft verkündigt.

Letztlich ist Ostern unsagbar. Man kann versuchen, ringsum in den Spuren zu lesen. So wird es uns auch selber gehen, wenn wir Ostern in unserer Lebensgeschichte auf die Spur kommen möchten. Unsere Wege werden unsere Wege, unsere Stärken und Schwächen werden unsere Stärken und Schwächen bleiben. Unsere Tage werden nicht zu Träumen werden, sondern zu bestehen sein. Und niemand von uns muss sagen oder demonstrieren, was kein Mensch in dieser Welt, auch nicht Maria Magdalena, wie ein Ding vorzeigen kann. Aber vielleicht können wir eine Ahnung geben von dem, was nicht zu fassen ist. Mitten in allen alltäglichen Dingen und über alles hinaus die Gewissheit: Du bist bei deinem Namen gerufen, von jenseits der Todesgrenze, und du kannst antworten. Das dürfen wir weitersagen, im Namen Jesu Christi. Hoffnung über alle Hoffnung für jeden von uns und für die ganze Welt.

Emmaus

OSTERMONTAG
Schrifttext: Lk 24,13–35

Jesus passé?

Zwei Jünger sind auf dem Weg nach Emmaus. Sie lassen den Kopf hängen und sehen die Sonne nicht mehr. Von Ostern keine Spur. Sie kehren Jerusalem, dem Ort des Heils, den Rücken, sie wandern ab. Immerhin: Sie bleiben nach den bitteren Erfahrungen der Passion zusammen. Und unterwegs sprechen sie nicht nur übers Wetter, nicht nur über die Sonnenseite ihres Lebens, sondern über ihre Niederlagen und Enttäuschungen. Die Geschichte mit Jesus ist für sie passé. Sie wissen zwar noch zu erzählen, was er gesagt und getan hat. Sie wissen alles, was man von Jesus wissen kann, aber sie können nur traurig davon erzählen. Sie haben mit all ihrem Wissen Jesus nicht.

Die Hoffnung begraben

Während die Zwei niedergeschlagen und enttäuscht ihren Weg gehen, „kam Jesus hinzu und ging mit ihnen" (15). Sie wissen nicht, wer er ist, sie müssen ihn neu kennenlernen. Er hört den beiden zu, erfährt, was sie umtreibt. Sie haben auf Jesus gesetzt und von ihm das Heil erwartet. „Wir aber hatten gehofft …" (21). Ihre Hoffnung ‚war einmal', sie haben sie mit Jesus begraben. Das Kreuz ist der Punkt, über den sie nicht wegkommen. Kann der, der so elend gehenkt wird, der Messias sein? Warum muss der Gerechte so schmählich scheitern, ohne dass Gott auch nur einen Finger rührt.

Der Dritte im Bunde

Der unbekannte Dritte hört, fragt nach, bringt zum Nachdenken. Er weiß, wovon er spricht. Er kennt die Frage nach dem „Warum?" aus eigener Erfahrung (am Kreuz). Er verweist auf die Heilige Schrift und öffnet den beiden Jüngern die Augen, sie zu verstehen: Muss das nicht so sein? Wer wie Jesus gegen das Leiden kämpft, der bekommt es am eigenen Leib mit dem Leiden zu tun. Der Arzt wird verwundet. So will Gott die Wunden der Menschheit heilen, indem er sie selbst durchleidet. Warum geht es anders nicht? Diese Frage ist nicht mit einem Satz zu erledigen. Sie braucht zur Antwort einen langen Weg, 60 Stadien und mehr – ein ganzes Leben. In den entscheidenden Fragen des Glaubens und Lebens gibt es keine Abkürzungen. Da muss man sich Zeit lassen und Geduld haben, und lange nach Ostern sind wir oft genug weit vor Ostern. Es ist gut zu wissen, dass man Jesus nicht erst am Ende des Weges treffen kann, sondern schon unterwegs.

Wenn die Augen aufgehen ...
Der Abend bricht ein, noch nicht der Morgen. „Bleib doch bei uns ..." (29), drängen die beiden Jünger. Wer die Nacht des Lebens kennt, wer einmal erfahren hat, dass es finster aussieht, der weiß es zu schätzen, nicht alleinzubleiben mit seinen Fragen: „Da ging er mit ihnen hinein, um bei ihnen zu bleiben" (29). Und er „nahm das Brot, sprach den Lobpreis, brach das Brot und gab es ihnen" (30). Im Brotbrechen ist er da, der ganze Jesus, die Summe seines Lebens und Sterbens, das Ganze im Fragment. Da gehen den beiden Jüngern die Augen auf, sie erkennen Jesus.

... und das Herz brennt
Eigenartig: Die Emmausjünger erkennen Jesus zunächst nicht, und als sie ihn erkennen, entzieht er sich ihnen. Der Auferstandene ist nicht einfach nur wieder da. Man kann ihn nicht festhalten, er ist nicht zu fassen, unfasslich. Und doch eröffnet die Erzählung einen doppelten Zugang zu ihm: Im Hören auf sein Wort und im Brotbrechen ist er da (wie in der Eucharistiefeier). Da gehen den Jüngern nicht nur die Augen auf, da wandeln sich die müden, bleiernen Herzen zum brennenden Herzen: „Brannte uns nicht das Herz in der Brust?" (32). Da haben sie nichts Eiligeres und Wichtigeres zu tun, als aufzubrechen und den anderen das Erlebte weiterzusagen: „Der Herr ist wirklich auferstanden" (34).

Jeder mag darauf achten, dass ihm das Wort nicht ausgeht, das seinem Leben Richtung gibt, und dass ihm das Brot unterwegs nicht ausgeht, das gebrochene Brot, von dem wir leben. Das schenkt uns die Gewissheit: Jesus lebt.

Tastender Glaube

2. SONNTAG DER OSTERZEIT
Schrifttext: Joh 20,19-31

Ungläubig?

Thomas ist ein moderner Mensch, ein kritischer Kopf, der nicht gleich zu allem Ja und Amen sagt. Er hat's nicht leicht mit dem Osterglauben und er macht sich's nicht leicht. Er will der Sache auf den Grund gehen. Er will nicht nur hören, was die anderen sagen, er will sehen und berühren, um Jesus begreifen zu können: „Wenn ich nicht die Male der Nägel an seinen Händen sehe und wenn ich meinen Finger nicht in die Male der Nägel und meine Hand nicht in seine Seite lege, glaube ich nicht" (25). Thomas will den Finger in die Wunden legen. Er will sich vergewissern, dass der, von dessen Auferstehung ihm die anderen Jünger erzählen, wirklich der gekreuzigte Jesus von Nazaret ist. Er will sich mit seinen Fingern wie ein Blinder an den Auferstandenen herantasten. Jesus weist dieses Verlangen nicht als ungebührlich zurück. Er respektiert den eigenständigen, widerständigen Weg des Thomas: „Streck deinen Finger aus – hier sind meine Hände! Streck deine Hand aus und leg sie in meine Seite ..." (27). Zufassen, nachfragen, sich mit dem Vorgegebenen nicht zufrieden geben, das ist auf dem Weg zum erwachsenen Glauben nicht nur erlaubt, sondern geradezu geboten, das hat nichts mit Ungläubigkeit zu tun. Es dient der Klärung, der Rechenschaft des Glaubens gegenüber Fragen von innen und außen.

Im Fleisch

Thomas, „streck deinen Finger aus – hier sind meine Hände! Streck deine Hand aus und leg sie in meine Seite ..." (27). Die Wundmale stehen dafür, dass Jesus seine irdische

Geschichte nicht abgestreift und wie ein Kleid in den Schrank gehängt hat. Was er erlebt und erlitten hat, sitzt ihm nicht nur in den Kleidern. Es hat in seiner Gestalt deutlich Spuren hinterlassen. Wie könnten die Zeichen seiner Liebe verschwunden sein? Nichts ist für ihn so kennzeichnend wie die Wundmale. Sie bürgen dafür, dass die Auferstehung im Fleisch haftet. Sie bricht dort ein, wo der Tod sitzt.

Offene Wunden
Wunden führen nach innen in die Tiefe. Würden sie übersprungen, der Glaube wäre flach und oberflächlich. Es sind ja gerade die Wunden, die uns im Leben und im Glauben zu schaffen machen: das erlittene Unrecht, die unheilbare Krankheit, das Scheitern. Die offenen Wunden sind wie offene Fragen, Fragen an Gott. Sie stellen Gott in Frage. Sie lassen uns oft genug an Gott und der Welt verzweifeln. Die Frage nach dem Leiden wird im Glauben nicht gelöst, aber erlöst. Sie trifft in Gott auf einen Betroffenen. Der Gott, an den wir Christen glauben, geht an den offenen Wunden nicht vorbei, er trägt sie selbst. Und er hat die Kraft, sie zu verwandeln. Darin sammelt sich die Essenz des christlichen Glaubens. Es gibt uns zu denken, dass Thomas sich über die Wunden an den Auferstandenen und damit an den Osterglauben herantastet. Die Wunden werden Wegweiser zum Glauben. Am Ende schaut Thomas nicht nur die Wunden, sondern Jesus selbst: „Mein Herr und mein Gott!" (28).

Ich habe mich lange Zeit schwergetan mit der Glaubensaussage, dass die Sakramente und die Kirche aus der Seitenwunde Jesu hervorgehen. Bis mir die Bedeutung der Wundmale klar wurde: Das Heil eröffnet sich nicht an den Wunden und am Tod vorbei, sondern durch sie hindurch. Ihre Quelle ist das durchbohrte Herz.

Eine Fischergeschichte

3. SONNTAG DER OSTERZEIT
Schrifttext: Joh 21,1-14

Im Alltag
Das ist keine Sonntagserzählung, sie spricht von Ostern im Alltag. Was bleibt vom Fest der Auferstehung, wenn der Werktag uns wieder eingeholt hat? Wir wissen, wie das losging mit Jesus und seinen Jüngern. Er hatte sie weggerufen von den Netzen: „Kommt her, folgt mir nach! Ich werde euch zu Menschenfischern machen. Sofort ließen sie ihre Netze liegen und folgten ihm" (Mt 4,19). Und jetzt? Zurück in vergangene Zeiten. So ist das eben, wenn man keine neue Perspektive hat. „Ich gehe fischen" (Joh 21,3), sagt Petrus, und die anderen kommen mit: die alte Umgebung, der alte Beruf. Vom Elan des Aufbruchs ist nichts mehr zu spüren. Die Menschenfischer sind wieder auf die gewöhnlichen Fische aus. War's das?

Leere Netze
Die Jünger fahren aus, rackern sich ab, schlagen sich die ganze Nacht um die Ohren. Und die Bilanz? „Sie fingen nichts" (3). Wie sollen sie aus dem Meer der Resignation Land gewinnen? Wasser und Land, Diesseits und Jenseits, Enttäuschung und Zuversicht treffen hier aufeinander. Als die Fischer niedergeschlagen zurückkehren, wartet im Morgengrauen ein Anderer auf sie. Noch erkennen sie ihn nicht. Aber so viel wird ihnen klar: Sie sind erwartet. In der Stunde des Misserfolgs sind sie nicht alleingelassen. Der Andere fragt offen heraus: „Habt ihr nicht etwas zu essen? Sie antworteten ihm: Nein" (5). Das klingt wie ein Offenbarungseid! Misserfolg ist das eine, ihn zuzugeben das andere. Es

braucht Zeit, bis wir uns und anderen eingestehen können, dass die Ausfahrt im Leben den Gewinn nicht brachte, den wir erhofften. Das kann zur Stunde der Wahrheit werden. So wie's war, geht es nicht weiter.

Eine Zumutung

Der am Ufer steht, ermutigt die Fischer zur neuen Ausfahrt: „Werft das Netz auf der rechten Seite des Bootes aus, und ihr werdet etwas fangen" (6). Sein Auftrag ist nach allem, was vorausgegangen ist, eine Zumutung. Er mutet den Jüngern zu, seinem Wort mehr zu trauen als ihrer Erfahrung, gegen alle Gewohnheiten am helllichten Tag neu aufzubrechen. Sie tun's und erleben, dass das Wort dieses Anderen nicht trügt, sondern reichen Ertrag bringt. Die leeren Netze aus der Nacht sind zum Bersten voll – unglaublich! Wir ahnen nicht, was der Herr mit den leeren Netzen unseres Lebens macht, wenn wir seinem Wort Glauben schenken.

Morgendämmerung

Die Erzählung vom Fischfang ereignet sich in der Morgendämmerung (vgl. 4). Die Jünger wissen zunächst gar nicht: Ist er's? Ist er's nicht? Es braucht seine Zeit, bis es ihnen dämmert. Erkannt wird Jesus erst nach dem überwältigenden Fang durch den Lieblingsjünger (vgl. 7). Wo wir heute nicht einfach nur weiterwursteln, sondern das ganze Ausmaß unserer Vergeblichkeit und Ratlosigkeit, unserer Aporien in Kirche und persönlichem Leben anerkennen und bekennen, da zeigt er sich uns vom anderen Ufer her. Er sendet uns, neu auszufahren.

Als die Jünger ans Ufer kommen, ist das Essen auf dem Kohlenfeuer schon bereitet. Sie müssen's nicht machen, sie werden nicht mit ihrem eignen Erfolg abgespeist. Das, wovon wir letztlich leben, brauchen wir nicht selbst zu erarbeiten. Wir können es auch gar nicht. Die Nacht der Vergeblichkeit macht es mehr als deutlich. Zwar dürfen wir beisteuern, was wir in unseren Netzen haben (vgl. 10). Aber das Brot, von dem wir in Wahrheit leben, ist nicht unser Werk, es wird uns geschenkt, wie hier jetzt in der Eucharistie: „Jesus trat heran, nahm das Brot und gab es ihnen ..." (13).

Eine Fischergeschichte, mitten aus dem Alltag. Eben darin kann die Erfahrung aufbrechen: Es gibt noch ganz andere Möglichkeiten als die, die in unseren Kräften stehen: Größeres, Unbedingtes, die Möglichkeiten Gottes mit uns.

Der gute Hirt

4. SONNTAG DER OSTERZEIT
Schrifttext: Joh 10,1-10

Dummes Schaf?
Vieles spricht heute gegen das Bildwort vom guten Hirten. Wer „Hirt" sagt, sagt auch „Schaf". Und wer möchte schon in Zeiten der Emanzipation als Schaf, gar als dummes Schaf dastehen? In einer Hammelherde mittrotten – das ist unter unserer Würde! Wir wollen uns nicht gängeln lassen, nicht einfach alles schlucken, was von oben kommt. Verführt uns der gute Hirt nicht zu kindischer Abhängigkeit? „Wir können nicht ewig Kind bleiben", sagt Sigmund Freud. Das ist wahr. Erwachsen werden wir nicht ohne Konflikte, ohne Revolte gegen allzu fürsorgliche Autoritäten in unserer Kindheit; die Freiheit hat ihren Preis! Aber niemand wird erwachsen ohne Vertrauen.

„Du bist bei mir ..."
Mich hat überrascht, dass Immanuel Kant den Hirtenpsalm (23) besonders geschätzt hat. Der große Aufklärer sagt sinngemäß: Ich habe viele Bücher gelesen, aber in keinem Worte gefunden, die so tief gehen wie diese: „Du bist bei mir" (4). Es steckt in uns eine unzerstörbare Sehnsucht, jemandem zu begegnen, der uns Geborgenheit schenkt, dem wir uns anvertrauen können, ohne uns preiszugeben. Da erreicht uns die Stimme des guten Hirten. Er ist kein Kindermädchen, das Widerspenstigen auf die Finger klopft, er ist eine kraftvolle Autoritätsgestalt. Seine Weide ist kein enger Pferch, vielmehr ein weiter, offener Raum. Nicht der Pferch verbürgt den Zusammenhalt, sondern der Hirt. Er führt ins Freie und gibt in der Freiheit Halt, Schutz vor „Dieben und Räubern" (Joh 10,8). Er setzt unserer Sehnsucht ein verlässliches Ziel: „Leben in Fülle" (10).

Keine Hirtenromantik
Jesu Hirtenrede ist keine harmlose Schäferidylle, er riskiert damit seinen Kopf. Er zeichnet ein Bild, das deutlich die Züge seiner Lebensgeschichte trägt. Er selbst ist die Tür zu den Schafen (7). Markante Züge des Selbstporträts sind:
- Der gute Hirt kennt die Seinen, er ruft sie „einzeln beim Namen und führt sie hinaus" (3). Er schaut nach ihnen nicht mit dem Kennerblick eines Händlers, der darauf aus ist, die Schafe auszuschlachten.
- Er bleibt ihnen nahe, auch wenn sie sich verlaufen. Er steigt ihnen nach, bis in die finstersten Täler und entlegensten Schluchten. Er geht den Verlorenen nach, trägt sie heim auf seinen Schultern und freut sich, dass er sie wiedergefunden hat (vgl. Lk 15,1–7).

- Wenn's zum Stechen kommt, kneift er nicht. Er setzt sein Leben ein für die Schafe. Darin unterscheidet er sich vom „bezahlten Knecht", der sich im Ernstfall aus dem Staub macht, weil ihm „an den Schafen nichts liegt" (Joh 10,13).

Hirten der Kirche?

Kann man das Bild vom guten Hirten, das Jesu Leben kennzeichnet, für Menschen wie uns in Anspruch nehmen? Die Heilige Schrift tut es mit durchaus kritischem Unterton: Sie geißelt die Hirten, die sich selber mästen (vgl. Ez 34). So einfach ist es nicht, in einem Atemzuge von Jesus als dem guten Hirten und den Hirten der Kirche zu sprechen, geschweige denn von Oberhirten. Die Hirten der Kirche sind in ihrem Dienst und Leben ganz und gar an den guten Hirten Jesus Christus verwiesen. Papst Franziskus sagt in einer Ansprache an die Priester von Rom: „Seid Hirten mit dem Geruch der Schafe." Also: Man muss riechen können, dass ihr's mit Menschen von heute zu tun habt. Wir sollen der Versuchung widerstehen, geruchsneutral zu sein, steril. Wir dürfen nicht nur ein besonderes Aroma zulassen, etwa nur den Weihrauch. Der Hirt „ruft die Schafe ... einzeln beim Namen und führt sie hinaus" (3). Trifft das für die Hirten heute zu? Die Großpfarreien führen dazu, dass die Hirten ihre „Schafe" nicht mehr kennen, deren Namen nur noch in der Kartei stehen haben. – Ist das nicht die Stunde, das Hirtenamt aller getauften und gefirmten Christinnen und Christen neu zu entdecken?!

Der einzig Wahre

5. SONNTAG DER OSTERZEIT
Schrifttext: Joh 14,1–12

Ein Obdach

Wo gehöre ich hin? Wo kann ich bleiben? Urfragen des Menschen! Wir suchen ein Zuhause, damit wir nicht auf der Straße liegen und im Regen stehen. Haus, Wohnung – das ist weit mehr als eine Ansammlung von Steinen. Es bedeutet Geborgenheit, ein Dach überm Kopf und ein Obdach für die Seele. Man kann ja ein schönes Haus haben und doch nicht zuhause sein. „Du hast einen Platz in meinem Herzen!" Diese Geborgenheit brauchen wir, nicht nur heute und morgen, sondern überhaupt. „Im Haus meines Vaters gibt es viele Wohnungen …" (2), sagt Jesus. Ahnen Sie, was das heißt? Das ist Heimat.

Wie kommen wir dahin? Oft sind wir ähnlich ratlos wie Thomas. Der sagt: „Herr, wir wissen nicht, wohin du gehst. Wie sollen wir dann den Weg kennen?" (5). Ein Fragen und Suchen, ein Ringen um die Gewissheit des Lebensweges. Unsicherheit und Angst können uns lähmen. Dann sitzen wir schließlich wie das Kaninchen vor der Schlange und sind unfähig, etwas aus eigener Kraft zu unternehmen. „Euer Herz lasse sich nicht verwirren" (1), ist uns gesagt. Nicht wir richten den Weg, er ist gebahnt; nicht wir bauen das Haus mit den vielen Wohnungen, es wartet auf uns.

Im Hier und Heute

„*Ich* bin der Weg und die Wahrheit und das Leben" (6), sagt Jesus. Das ist eine deutliche Sprache, ohne Wenn und Aber. – Wenn wir einen Bekannten treffen, fragen wir oft: „Wie geht's?" Die Antwort: „Es geht …" Hier steht nicht „es", sondern „ich". Da steht jemand hinter diesem „Ich" mit seinem Leben: Jesus. Es geht nicht um irgendeine Sache, um ein System oder eine Methode, auch nicht nur um die Sache Jesu, sondern um ihn selbst mit seiner Lebensgeschichte.

„Ich *bin* der Weg ..." Das ist Präsenz, Gegenwart; nicht Vergangenheit, auch nicht irgendwann in Zukunft, sondern: „Ich *bin* der Weg ..." Jesus will der Weg sein im Hier und Heute für unser sterbliches Leben mit seinen Höhen und Tiefen, mit seinen alltäglichen Erfahrungen. Es geht also zunächst nicht um das Leben nach dem Tod, sondern um das Leben vor dem Tod, um unser irdisches Leben. Da gilt: Jesus Christus ist der Weg, weil er die Wahrheit ist, das wahre Wort Gottes. Er ist der Weg vom Tod zum Leben. Ich muss mich nicht ängstigen, denn er ist mir nahe. Ich kann frei sein von mir selbst und frei für die anderen, denn er ist für mich da. Ich kann hoffen, denn er hat das letzte Wort.

Der einzige Weg
„Ich bin *der* Weg." Nicht ein Weg unter anderen, sondern *der* Weg. Es gibt keinen Weg zu Gott an Jesus vorbei. Mancher wird denken: Welch eine Anmaßung! ‚Viele Wege führen nach Rom.' Führen nicht auch viele Wege zu Gott? Es liegt eine ungeheure Spannung zwischen den vielen Wohnungen und dem einen Weg. Wie soll man das verstehen: „Jesus – *der* Weg ..." und das nicht genug: „... *die* Wahrheit und *das* Leben." – Es ist, wie wenn wir sagen: „Das ist das einzig Wahre" oder: „Jesus, du bist der einzig Wahre!" Das ist wie eine Liebeserklärung. Die Liebe geht aufs Ganze, sie duldet keine anderen Verhältnisse. Wer glaubt, setzt im Leben wie im Sterben ganz auf Christus. Niemand und nichts in der Welt verdienen solches Vertrauen wie er allein. Er ist *der* Weg zu den vielen Wohnungen im Haus des Vaters.

Von Gott verlassen?
6. SONNTAG DER OSTERZEIT
Schrifttext: Joh 14,15–21

Allein?
Abschied tut weh. Es bleibt ein leerer Platz. Jesus erspart seinen Jüngern diese Erfahrung nicht, sondern bereitet sie darauf vor. Er kündigt an, dass er sie verlässt und zum Vater geht. Die Jünger sorgen sich: Was soll aus uns werden, wenn er nicht mehr bei uns ist, wenn wir ihn nicht mehr hören und fragen können, wenn wir ohne ihn auskommen müssen und ganz auf uns allein gestellt sind? Fragen über Fragen! Werden die Jünger allein ihren Weg gehen? Werden sie Jesus die Treue halten? Werden sie an seine Nähe glauben können, wenn sie in den Nächten ihres Lebens nichts davon spüren? Es überkommt sie Ratlosigkeit und Angst vor der Zukunft. Sie bleiben zurück ohne Absicherungen: nichts vor Augen, nichts in der Hand, nur etwas im Ohr – sein Wort, seine Gebote.

Abschied, das muss keine Katastrophe sein, das kann eine Station sein auf dem Weg zu mehr Selbständigkeit: wie in der Entwicklung eines Menschen vom Kind zum Jugendlichen, zum Erwachsenen. „Abnabeln", sagen wir. Das ist ein schmerzhafter Vorgang. Aus Objekten der fürsorglichen Betreuung werden Subjekte verantwortlichen Handelns. Nur so kann Reifung gelingen.

Unserem Zugriff entzogen
Kennen wir das nicht, dass Jesus sich entzieht, dass sein Bild verschwimmt? Nicht wenige fühlen sich von Gott verlassen. Was tun? Eine rabbinische Geschichte erzählt: „Oft wandten sich die Schüler an Rabbi Pinchas und suchten bei

ihm Hilfe in Glaubensfragen. Einem sagte er: Zugegeben, Gott verbirgt sich vielleicht, aber du weißt es. Das soll doch genug sein. Wird der Schüler weniger leiden? Kaum. Aber sein Leiden wird anders sein."

Oft ist es heilsam zu spüren, dass uns Gott nicht wie selbstverständlich zu Händen ist, dass er sich unserem Zugriff entzieht. Eine solche Erfahrung ist notwendig, um im Glauben erwachsen zu werden. Es steckt die Chance darin, neu zu entdecken, was uns Jesus bedeutet. Wissen wir überhaupt, was wir an ihm haben?

Der Beistand

Die Jünger denken: Jetzt sind wir alleingelassen, allen Ängsten und Anfechtungen ausgeliefert. Jesus sagt: Nein, „ich werde euch nicht als Waisen zurücklassen ..." (18). „Ich werde den Vater bitten, und er wird euch einen anderen Beistand geben ..." (16). Er verspricht ihnen den Parakleten; der ist ihr Anwalt in Not, ihr Beistand in Anfechtung, ihre Kraft im Leben und im Sterben. Dieser Geist will herbeigerufen werden. Er ist die Zusage der persönlichen Nähe Gottes. Wie ein Hauch ist er, sagt der Evangelist an anderer Stelle, dem Atem gleich. So ist Gottes Geist in mir. Er beteiligt mich an seinem Wirken. Ich bin geschätzt, gewürdigt, geliebt.

Hanns Dieter Hüsch sagt: „Es gibt ja auch Tage bei uns, wo wir den Heiligen Geist wirklich nicht spüren mit unserem kleinen Menschenglauben, wo wir ihn uns jedes Mal aufs Neue erfühlen müssen und glücklich sind, wenn das Schwere plötzlich von uns abfällt und der Geist hier in uns und bei uns ist und Probleme sich aus dem Staube machen und die Menschen wieder anfangen zu lächeln."

Der wahre Trost

Als „Geist der Wahrheit" (17) wird er bezeichnet. Nicht dass er Richtigkeiten über Gott und die Welt verbreitet, ein theoretisches Wissen. Er ist vielmehr gelebte Wahrheit, die Wahrheit des Lebens Jesu. Er stärkt die Jünger, der Botschaft Jesu zu trauen. Sie dürfen gewiss sein, dass der Kreuzestod nicht Scheitern und Ende bedeutet, dass Gott im Tod neues Leben schafft. Das ist ein wahrer Trost.

Unsere Mission

CHRISTI HIMMELFAHRT
Schrifttext: Mt 28,16–20

Ausstrahlung

„Das ist ein Geschenk des Himmels", sagen wir: eine glückliche Fügung, Hilfe in der Not, Gesundheit nach schwerer Krankheit – ein Geschenk des Himmels! Wer sich beschenkt weiß, der strahlt aus auf andere. Er kann das, was er empfangen hat, nicht für sich behalten, er teilt es anderen mit. Sind wir vom Evangelium so begeistert, dass wir darauf brennen, es weiterzusagen? Strahlen wir aus? So geschieht Mission, nicht durch Werbekolonnen oder Berge von Papier, nicht letztlich durch Medien. *Das* Medium der Mission sind wir selbst.

Alle Völker

„Ihr Männer von Galiläa", heißt es in der Apostelgeschichte, „was steht ihr da und schaut zum Himmel empor?" (Apg 1,11). Mit anderen Worten: Schaut nicht nach oben, schaut nach vorn, macht euch auf den Weg „bis an die Grenzen der Erde" (8). Das Evangelium weist mit dem Missionsauftrag

Jesu in dieselbe Richtung: „Darum geht zu allen Völkern und macht alle Menschen zu meinen Jüngern; tauft sie auf den Namen des Vaters und des Sohnes und des Heiligen Geistes ..." (Mt 28,19). Die Jünger werden aus ihren Himmelsträumen herausgerissen und nach vorn gewiesen zu allen Völkern. Sie gehen nicht auf eigene Faust. Sie dürfen weitersagen, was Jesus ihnen anvertraut hat. Selbst hörend sollen sie reden. Sie sind in ihrer Mission nicht alleingelassen. Der sie sendet, lässt sie nicht hängen, er ist bei ihnen: „Seid gewiss: Ich bin bei euch alle Tage bis zum Ende der Welt" (20).

Die Gretchenfrage

Wir haben eine Mission in unserem Land und weltweit. Darin sind wir unvertretbar. Haben wir doch mit dem Evangelium eine Botschaft, zu der es in der Welt keine bessere Alternative gibt. Nur – sind wir wirklich davon überzeugt? Oder ist uns das Rückgrat gebrochen? Wer den Glauben wie eine Last mit sich herumschleppt, wird kaum jemanden davon überzeugen, dass das Evangelium eine Befreiung zum Leben ist. Uns fehlt die Ausstrahlung. Viele denken: ‚Wir selbst werden schon noch katholisch bleiben, aber andere für den Glauben gewinnen? Das sitzt nicht mehr drin. Es gelingt uns oft in der eigenen Familie nicht, bei den Kindern oder den Enkeln den Glauben zu wecken.' Während andere Weltreligionen hier ihre Missionstätigkeit entfalten, ist Missionieren für uns fast ein Schimpfwort geworden. Was ist nur geschehen, dass wir den Auftrag des Auferstandenen zur Mission als intolerant verdächtigen? Auf Schritt und Tritt kommen wir mit Angehörigen anderer Religionen zusammen: im Kindergarten, in der Schule, bei der Arbeit. Offen oder unausgesprochen wird uns die Gretchenfrage gestellt: Wie hältst du es mit der Religion? Und wie hältst du es mit deiner Mission? Denken und sagen wir: „Soll doch jeder sehen, wie er zurechtkommt?" Das ist nicht die Sprache des Evangeliums. Wir können den Menschen keinen besseren Dienst tun, als ihnen Christus nahezubringen.

Keine frommen Sprüche
Das Geheimnis unserer Mission liegt in einem christlichen Leben, das ausstrahlt – wie der Religionslehrer, der nicht nur vom Glauben redet, sondern ihn überzeugend lebt; wie die Caritasmitarbeiterin, die der Liebe Christi ihr eigenes Gesicht gibt; wie die Familie, die ihren bettlägerigen Vater zu Hause pflegt; wie die Eltern, die mit ihrem Kind abends an der Bettkante beten. Sie alle sind lebendiges Evangelium. Unsere christlichen Zeitgenossen erwarten keine frommen Sprüche. Christinnen und Christen, die mitten im Alltag Profil zeigen, lassen auch heute aufmerken. Sieht man uns an, dass der Glaube unser Leben nicht verdirbt und verkümmern lässt, sondern reich macht? Sind wir des Glaubens so froh, dass es uns drängt, ihn weiterzusagen? Das ist unsere Mission.

Ewiges Leben
7. SONNTAG DER OSTERZEIT
Schrifttext: Joh 17,1–11

Abschied
Es ist so weit, „die Stunde ist da" (1), die Stunde des Todes. In dieser Situation spricht Jesus vom Leben, vom ewigen Leben. Er hat Abschied genommen von seinen Jüngern. Was jetzt noch zu sagen ist, sagt er Gott seinem Vater, er betet. Er schaut zurück und empfängt alles, was war, dan-

kend aus Gottes Hand. Er schaut nach vorn und legt das, was kommt, dem Vater bittend ans Herz. Der Sinn seines Lebens ist das ewige Leben für alle, für die er gelebt hat.

Ewiges Leben – wenn wir unseren eigenen Gedanken folgen, können wir uns nicht allzu viel darunter vorstellen. Fragen Sie sich selbst oder andere: Was heißt ewiges Leben? Die Antwort: „Mit dem Tod ist nicht alles aus" oder „Es gibt ein Weiterleben nach dem Tod." Wenn das alles wäre! Ewiges Leben heißt nicht, dass es endlos so weitergeht. So stellen sich das die vor, die hier schon alles zu haben scheinen, aber nie genug kriegen können; die das, was sie haben, für immer haben wollen. Anderes fällt ihnen nicht mehr ein als ihre private Seligkeit. Das kann's doch nicht sein. Ewiges Leben kennt nicht die Spur von Langeweile, ist vielmehr überglückliche Lust am Leben.

Lust am Leben
Das Verlangen nach Lust sitzt im Menschen drin. Er lässt sie sich von keinem Asketen ausreden: Die Lust am Essen und Trinken, an der Musik und Kunst, an der Liebe und überhaupt am Leben: ein Sonnenaufgang, die Lerche am Himmel, ein Blick, ein Händedruck, eine Umarmung ... Momente, in denen wir ahnen: Das ist es, das ist das Leben. Es ist gut, solche Signale wahrzunehmen als ein Geschenk des Himmels. Sie bringen uns auf den Geschmack am Leben, sie weiten die Sehnsucht auf das ewige Leben hin. Aber man kann sie nicht festhalten. Vieles ist heute darauf angelegt, dem Augenblick der Lust Dauer zu verleihen, immer neue Reize zu erfinden, sie zu steigern und geradezu verbissen auszukosten. Schließlich stellen sich Langeweile ein und Überdruss, weil sich herausstellt, dass die erlebte Lust ein Ende hat. Wie kann die Glückserfahrung von Dauer sein?

Vorzeichen

Damit sind wir nun bei dem entscheidenden Satz des Evangeliums heute: „Das ist das ewige Leben: dich, den einzigen wahren Gott, zu erkennen und Jesus Christus, den du gesandt hast" (3). Das klingt wie eine Definition. Aber – das ewige Leben als Erkenntnis? Ist das eine verlockende Vorstellung? Wird uns ein Professorenhimmel in Aussicht gestellt? Erkennen meint nach biblischem Verständnis lieben. Wo Gottes Liebe ist, da ist ewiges Leben. Es übersteigt alle Grenzen unseres endlichen Lebens. Es kommt nicht erst in einer fernen Zukunft ans Licht, am Ende der Zeit, sondern schon hier und jetzt, wann immer wir an Gottes Liebe teilnehmen. Es existiert nicht neben allem, was sonst ist; es kann in allem aufscheinen, wie ein Vorzeichen der Vollendung.

Geschmack am Leben

Ewiges Leben: Einzig Gott ist ewig. Wenn also unser Glaube für den Menschen und die gesamte Schöpfung ewiges Leben erhofft, dann hofft er darauf, dass Gott ihnen Anteil gewährt an seinem Leben. Es ist dieses irdische Leben, das vollendet wird, nicht ein anderes danach. Die Verheißung des ewigen Lebens eröffnet einen anderen Blick auf Leben mit all seinen Begrenzungen und Endlichkeiten. Wenn uns unsere Schwäche nicht von Gott trennt, wenn die Hoffnung auf ein gelungenes Leben nicht von uns selbst abhängt, dann müssen wir uns selbst nicht länger auf unsere Stärken und Schwächen festlegen lassen. Dann eröffnet sich die Chance, alles, was uns gelingt, was uns freut und jetzt schon zufällt, dankbar und freudig anzunehmen. Es muss ja nicht mehr von uns vervollständigt oder gesteigert werden, Gott wird es vollenden. Der Glaube weckt und stärkt den Geschmack am Leben. Er wittert die Signale des ewigen Lebens in unserer endlichen Welt.

„Komm, Heiliger Geist ..."
PFINGSTEN
Schrifttext: Joh 20,19-23

Die Türen sind dicht in der kleinen Gemeinde. Die Jünger haben Angst vor Verfolgung. Darum verstecken sie sich hinter Mauern und Riegeln – eine geschlossene Gesellschaft. So kann Kirche sein, nicht nur damals, sondern auch heute: eine Gesellschaft, die sich abschottet gegenüber der „bösen Welt". Wie kann dieser Verschluss aufgebrochen werden? Davon erzählt das Evangelium.

Jesus in der Mitte
Da „kam Jesus" (19). Er kommt in diese geschlossene Gesellschaft, Schlösser und Mauern können ihn nicht aufhalten. Er „trat in ihre Mitte" (19). Jesus in der Mitte – das ist Gemeinde, das ist Kirche. Wo er die Mitte ist, da weicht die Angst der Freude. „Da freuten sich die Jünger, dass sie den Herrn sahen" (20). Er hatte ihnen angekündigt: „Frieden hinterlasse ich euch, meinen Frieden gebe ich euch ..." (14,27). Jetzt heißt es zweimal ausdrücklich: „Friede sei mit euch" (20,19.21). Friede, das ist hier mehr als kein Streit, kein Krieg. Friede ist die Fülle des Heils, die Fülle des Segens: Schalom! Dieser Friedensgruß ist in unsere Liturgie eingegangen.

Offene Türen
Die Jünger bleiben nicht hinter Schloss und Riegel. Türen tun sich auf: „Wie mich der Vater gesandt hat, so sende ich euch" (21), sagt Jesus. Also: Schluss mit der geschlossenen Gesellschaft. Wer denkt nicht an das ausdrucksstarke Bild, wie Papst Johannes XXIII. das Fenster öffnet, um anzudeu-

ten, was das Konzil bewirken soll. Auch wenn inzwischen manche durch Zugluft verschnupft sind – es bleibt dabei: Die Kirche ist nicht Rückzugsort für ängstliche Gemüter, wir sind in die Welt gesandt. Wir dürfen unsere besten Kräfte und Hoffnungsenergien nicht für uns selbst verbrauchen. Die Welt ist im Aufbruch, und wir sind zu oft so mit uns selbst beschäftigt, dass wir die Zeichen der Zeit nicht wahrnehmen, die Türen, die sich auftun.

Beatmung

Jesus lässt die Jünger in ihrer Sendung nicht allein. „Empfangt den Heiligen Geist" (22). Er stattet sie aus mit der Kraft aus der Höhe. Heiliger Geist – das ist kein Allerweltsgeist, sondern der Geist Jesu, seine Inspiration, wie sie aus dem Evangelium spricht, sein heißer Atem: „Er hauchte sie an" (22). Das sagt alles. Die Jünger können sich nicht selbst anhauchen. Sie brauchen die Beatmung durch Jesus. – Ich vergesse nicht, dass mich ein kleines Mädchen fragte: „Atmet Gott?" Ich war verdutzt. Was sollte ich antworten: ‚Gott ist ganz anders, da kann man nicht von Atmen reden …'? Da kam mir der rettende Gedanke: „Ja, Gott atmet. Das ist der Grund, weshalb wir atmen können." – „Du bist mein Atem, wenn ich zu dir bete" (Gotteslob 422,3). Der Geist Jesu ist mir so nahe wie der Atem, er ist in mir.

Vergebung

Da weht ein neuer Geist. Er wirkt sich aus in der Vergebung der Sünden (vgl. 23). Sünden? Wer versteht sich heute schon noch als Sünder? Allenfalls Papst Franziskus in einem freimütigen Interview: „Ich bin ein Sünder!" Das verschlägt einem den Atem. Wir richten lieber den Zeigefinger auf andere: Der da …, die da … Das sitzt uns von Adam her in den Knochen.

Wir werden nicht nur schuldig durch das, was wir anrichten, sondern auch durch das, was wir *nicht* tun. Es gibt Schuld, die von Menschen kaum vergeben werden kann, im persönlichen Leben, aber nicht nur dort. Denken Sie nur an die verheerenden Kriege des vergangenen Jahrhunderts. Da kann man nicht sagen: „Schwamm drüber!" Vergebung ist schmerzhaft. Jesus hat dafür in den Nägeln gehangen. In seinem Namen geschieht Vergebung der Schuld, die zwischen Menschen und zwischen Mensch und Gott steht. Darum brauchen wir so sehr den Heiligen Geist, Jesu Geist, der uns von Schuld befreit. „Komm, Heiliger Geist ..."

Komm, Tröster ...
PFINGSTMONTAG

Sind wir eigentlich noch bei Trost? Das ist eine pfingstliche Frage. Wir nennen den Heiligen Geist den Tröster. Er ist uns geschenkt – ein wahrer Trost.

Trost lebt von Vertrauen
Wir können uns nicht selber trösten. Was Trost bedeutet, haben wir erfahren, bevor wir das Wort kannten und aussprechen konnten, von der Mutter oder vom Vater oder von einem anderen Menschen, der uns in Angst und Not beigestanden ist. Trösten heißt unaufdringlich nahe sein. Wer tröstet, gibt wortlos zu verstehen: Ich bin bei dir, ich lasse dich nicht allein, du kannst mit mir rechnen. Wichtiger als viele Worte ist es, Augen und Ohren für die Situation des anderen offenzuhalten, ihm zuzuhören. – Trost lebt von Vertrauen. Ohne Vertrauen kein Trost! Was bedeutet das, dass die Kirche bei vielen Menschen das Vertrauen verloren

hat? Sie kann nur trösten, wenn sie wieder Vertrauen gewinnt, indem sie vor Ort den Menschen beisteht.

Billiger Trost

Es gibt einen billigen Trost: Wenn ich in schweren Konflikten stecke und nicht mehr weiß, wie es weitergehen soll, und es kommt jemand und sagt: „Es ist doch alles gar nicht so schlimm. Kopf hoch, alter Freund! Es wird schon wieder." Das ist trostlos. Das Leben macht keine dummen Sprüche. Trösten heißt nicht verharmlosen. Wir brauchen Trost, der nicht trügt, sondern trägt. Jeder wird aufmerksam und ehrlich bei sich selbst den Punkt entdecken, an dem er dem gefertigten Trost verfällt. Dann wird es auf einmal ganz einfach zu trösten, dann geht es ganz schnell. Sobald der Schmerz der Wahrheit uns nicht mehr beißt, ist das Trostwort schon umgekippt. Trost, der sich dem Schmerz nicht stellt, ist dicke Watte, unter der nichts heilen kann.

Wahrer Trost

Leicht ist in Sachen Trost ein Wort zu viel gesagt. Ist Gott ein Trost, wenn Beziehungen in die Brüche gehen, wenn Menschen aus ihren verfehlten Lebensentscheidungen nicht herauskommen, wenn die Schuld bei aller Vergebung weiterhin belastet, wenn die Zusage des Beistandes in Depression und Trauer nicht weiterbringt? Ist Gott ein Trost, wenn Freunde und Angehörige sich in schweren Tagen immer mehr zurückziehen, wenn alte Menschen immer einsamer werden? Trost ist gerade dann gefragt, wenn nichts mehr zu machen ist. In solchen Situationen gebe ich zu erkennen: Ich kann nicht wegwischen, was dich weinen lässt; ich kann nicht zurückbringen, was verloren gegangen ist, aber ich bin da. Das ist ein wahrer Trost. Der Weg zum wahren Trost führt durch unsere Lebenssituationen, in denen Hoffnungen welken, Berge den Weg versperren und Todestäler die Abgründe des Lebens ahnen lassen. Oft fehlen einem die Worte. Dann ist es gut, miteinander zu schweigen. Wie gut tun Glaubensworte, die aus dem Schweigen geboren sind, Worte, in denen der Morgen dämmert, die Türen öffnen, aufatmen lassen und Raum schenken zum Leben.

Heiliger Geist

„Komm, Tröster, der die Herzen lenkt, du Beistand, den der Vater schenkt ..." Beistand, das heißt: Er steht hinter uns und zu uns. Gerade so ist er der Tröster. Er entreißt uns nicht den Konflikten, den Mühsalen und Rückschlägen, die wir erleben. Aber er ist bei uns. Das ist ein wahrer Trost. Unser Blick weitet sich, weil wir nicht mehr in Angst um uns selbst und in Angst vor anderen versinken. Wenn der Beistand hinter uns steht, dann haben wir den Rücken frei, auch Hände und Füße, Herzen und Kopf. Das öffnet die Situation, weitet den Horizont, macht uns aufmerksam auf neue Möglichkeiten, nicht zuletzt auf die ungeahnten Möglichkeiten Gottes mit uns. Dass bei allem Streit Friede möglich ist, bei aller Trennung Einheit, bei aller Schuld Vergebung, das sind Gottes Möglichkeiten. Sein Geist in uns ist ein wahrer Trost. Er lässt uns getrost in die Zukunft schauen.

JAHRESKREIS

„Seht das Lamm Gottes ..."

2. SONNTAG IM JAHRESKREIS
Schrifttext: Joh 1,29–34

Tiersymbole

„Das ist ein schlauer Fuchs", sagen wir. „Das ist eine lahme Ente" oder mitleidsvoll: „Du armer Hund"; und weniger freundlich: „Du Kamel", „du dumme Gans". Demgegenüber bemerken wir voller Hochachtung: „Der ist stark wie ein Löwe", „bärenstark", „bienenfleißig". Ein ganzer Zoo tut sich auf in unserer Sprache, nicht erst heute, sondern seit ewigen Zeiten. Wir haben nicht nur entwicklungsgeschichtlich eine besondere Nähe zu den Tieren. Menschen wählen Tiere, um andere zu charakterisieren. Viele Länder haben Tiere in ihrem Wappen: Bayern ist stolz auf den Löwen, Berlin auf den Bären. Wir schauen hoch zum deutschen Adler.

Die Last der Welt

Was Wunder, das auch Johannes der Täufer das Leben und die Sendung Jesu im Bild eines Tieres deutet. „Seht, das Lamm Gottes ..." (29). Wie kommt er nur auf das Lamm? Da mag der Prophet Deuterojesaja Pate gestanden haben: „Wie ein Lamm, das man zum Schlachten führt ..., tat er seinen Mund nicht auf", heißt es da (Jes 53,7). Im Gottesknecht hat Jesus sich wiedergefunden. Er versetzt sich in dieses Lamm, setzt sich damit leidenschaftlich aufs Spiel, um die Allgewalt des Bösen zu durchbrechen: „Seht, das Lamm Gottes, das die Sünde der Welt hinwegnimmt" (29). Seht den, der aus Liebe zu Gott und zu den Menschen die Schuld auf sich nimmt und auf sich sitzen lässt, obwohl er selbst unschuldig ist. Einer hält die Last der Welt aus.

Das löwenstarke Lamm
Gottes Sohn nicht als Löwe, sondern als das gewaltlose Lamm. Sollte Gott nicht mächtiger auftreten? Diese Frage, die uns gerade dann aufstößt, wenn wir nicht ein noch aus wissen, werden wir nicht los. Klärend und weiterführend ist dabei das fünfte Kapitel der Offenbarung des Johannes. Dort ist vom „Buch mit sieben Siegeln" die Rede. Jeder kennt das, nicht nur als geflügeltes Wort, sondern mehr noch aus Erfahrung. Wie oft blicken wir nicht mehr durch: Was soll das Ganze? Die Welt und unser Leben – ein Buch mit sieben Siegeln. Wer kann sie lösen? Da heißt es zunächst: „Gesiegt hat der Löwe ..." (Offb 5,5). Und jeder denkt: Das ist die Lösung der sieben Siegel. Der Löwe als Inbegriff von Stärke ist die Triebkraft der Geschichte. Das entspricht dem Gesetz der Evolution: Der Stärkere setzt sich durch und bekommt den Löwenanteil. Auch Israel hat meist auf den Löwen gesetzt. Bis „der Löwe aus dem Stamm Juda, der Spross aus der Wurzel Davids" (5) kam – Jesus! Durch ihn bekommt der Löwe ein neues Gesicht. Ein anderes Tier taucht auf. Der Löwe wird in einer Art Überblendungstechnik durch das Lamm umgestaltet (vgl. 6). Der siegreiche Löwe ist das geschlachtete Lamm. Das Lamm in der Kraft des Löwen. Dieses Lamm ist würdig, „das Buch zu nehmen und seine Siegel zu öffnen" (9). Es hat die Siegel durchlitten. Von ihm her erschließt sich der Sinn der Welt – und unserer Lebensgeschichte, anders als nach dem Gesetz der Evolution. Nicht die Liebe zur Macht gibt den Ton an, sondern die Macht der Liebe.

Die Quintessenz
In jeder Eucharistiefeier wird das Agnus Dei, das Lamm Gottes, (möglichst) gesungen. Sanft, auch klagend, nicht selten inbrünstig und zart ist die Melodie aller Jahrhunderte zu diesem Text der Liturgie. Die Tränen der Menschen sind

darin gesammelt. Das Lamm Gottes wird um Erbarmen angerufen, soll den Frieden schenken. Dabei wird die Hostie gebrochen, ein Hinweis auf das Kreuz. „Seht das Lamm Gottes, das hinwegnimmt die Sünde der Welt", ruft der Priester der Gemeinde zu und zeigt ihr den unscheinbaren Herrenleib. Gottes Sohn als das Lamm Gottes, das ist die Quintessenz des christlichen Glaubens.

Der Rand wird zur Mitte

3. SONNTAG IM JAHRESKREIS
Schrifttext: Mt 4,12-17

Ortswechsel

Jesus beginnt sein Wirken mit einem Ortswechsel. Er verlässt Nazaret, „um in Kafarnaum zu wohnen" (13). Mit anderen Worten: Er zieht um. Kafarnaum ist ein Ort des Handels und Verkehrs am See Gennesaret. Das wird jetzt sein Lebensraum, „seine Stadt" (9,1). Er zieht nicht in die heilige Stadt Jerusalem, er wählt die Provinz. Der Ortswechsel signalisiert eine programmatische Entscheidung: Die Peripherie Israels wird für Jesus zum Zentrum seines Wirkens. So wird sichtbar und hörbar, was die Stunde geschlagen hat: Mit Jesus beginnt Gott neu, Mensch und Welt zu erlösen und zu befreien, vom Rande her.

Eine neue Zeit bricht an, ja, aber unter welchen Bedingungen. Die Zeichen stehen auf Sturm. Johannes ist soeben ins Gefängnis geworfen worden (vgl. 4,12). Jesus beginnt sein öffentliches Wirken, als der Täufer enthauptet wird. Es geht also auf Leben und Tod. Wer Gott bezeugen will, riskiert Kopf und Kragen.

Die im Schatten

Der Umzug Jesu nach Kafarnaum hat einen tiefen Sinn. Um das zu unterstreichen, fügt der Evangelist – wie so häufig – ein Zitat aus dem Alten Testament ein. Damit erhält das Wirken Jesu seinen Resonanzraum. Es fängt nicht bei Null an, sondern steht im Zusammenhang mit der Offenbarungsgeschichte Israels. Gott will schon von alters her im „heidnischen Galiläa" (15) wirken. Er hat „das Volk, das im Dunkel lebte", er hat die, „die im Schattenreich des Todes wohnten" (16), nicht vergessen. Was mit „Sébulon und Náftali" (13.15) für uns wie böhmische Dörfer klingt, markiert die Landkarte des Heilswirkens Gottes. Die Region oben im Norden, weit weg dahinten am Meer, ist eine gottverlassene Gegend. Juden, die dort wohnen, sind in Gefahr, ihre Identität zu verlieren. Sie gelten als Leute vom Ende der Welt, sind abgehängt und abgeschrieben: „Die im Dunkeln sieht man nicht" (Bertolt Brecht). Gott weicht nicht zurück vor der Finsternis, er geht mitten in sie hinein. Denen auf der Schattenseite des Lebens geht ein Licht auf, ihnen geht *das* Licht auf: Jesus.

Keine Frage: Jesus ist ein Galiläer, dort hat er unter den Juden gewirkt. Er ist der Messias Israels. Aber mit dem „heidnischen Galiläa" (15) deutet sich schon an, dass diese Exklusivität durchbrochen wird. Das Matthäusevangelium mündet in den Auftrag des Auferstandenen, zu allen Völkern zu gehen (28,16–20). – Wo liegt heute unser „heidnisches Galiläa"? Erreichen wir die Menschen, die auf der Schattenseite des Lebens sind?

Umkehr

Die Perspektive, mit der Jesus sein Wirken beginnt, ist klar: „Von da an begann Jesus zu verkünden ..." (17). Die Wende, die er bringt, muss von denen, die ihm folgen, mitvollzogen werden: „Kehrt um!" (17). Es steht da nicht: Macht nur so weiter wie bisher, es ist schon alles okay. Vielmehr: Orientiert euch neu, schlagt eine andere Richtung ein. Welche? Wohin gilt es umzukehren? Zu Gott! Ihr könnt von Gott weg leben, reden und handeln – oder auf ihn hin. Das ist ein anderes Leben, wenn man sich an seinen Willen hält. Dann kommen nicht zuletzt die in den Blick, zu denen Jesus gesandt ist und die ihm besonders am Herzen liegen: die ganz weit weg sind und im Dunkeln leben, die Fernstehenden.

Auf dem Weg
Wer dem Ruf zur Umkehr folgt und einen neuen Weg einschlägt, der fällt nicht ins Leere: „Denn das Himmelreich ist nahe" (17), die Herrschaft Gottes steht vor der Tür. Wo im Schatten des Todes Trauer und Trostlosigkeit herrschen, wo Angst vor der Zukunft nagt, wo Einsamkeit lähmt, da tun sich mit ihr ungeahnte Türen auf. Da muss das Scheitern nicht bemäntelt, da muss die Schuld nicht verdrängt, die Schwäche nicht geschönt werden, da findet man Kraft zur Annahme seiner selbst. Aber oft genug steht die von Jesus verkündete Herrschaft Gottes in deutlicher Spannung zu unserer Erfahrung. Wo in aller Welt hat sie sich denn durchgesetzt? In der Kirche? Das wird man so einfach nicht sagen können. Immerhin: Die Kirche hält die Botschaft von Gottes Herrschaft wach, ist auf dem Weg zu ihrer Verwirklichung. Und wir? Lassen wir uns zur Umkehr locken? Das ist die Frage.

Arm-selig

4. SONNTAG IM JAHRESKREIS
Schrifttext: Mt 5,1–12

Das ist armselig, sagen wir und meinen damit: Das ist schwach, mickerig. Demgegenüber gibt es eine Armut, die selig macht. Davon spricht das Evangelium: „Selig, die arm sind vor Gott; denn ihnen gehört das Himmelreich" (3). Diese Seligpreisung steht bewusst voran. Sie ist wie eine Überschrift über dem Ganzen. – Die Armut vor Gott soll selig machen? Wie soll man das verstehen?

Von Gott angenommen
Armut ist nicht allein eine Sache der Brieftasche oder des Portemonnaies. Arm vor Gott ist der, der die Grenzen seiner Geschöpflichkeit sieht, der nicht damit hadert oder sich darüber hinwegzutäuschen versucht, sondern sie annimmt. Mehr noch: der sich in seinen Grenzen von Gott angenommen weiß. Arm sein vor Gott meint: Ich darf der sein, der ich bin. Ich muss nicht mehr sein oder darstellen wollen. Ich muss keinen Stuss treiben. Wert und Anerkennung muss ich mir nicht selbst verschaffen; ich brauche sie mir nicht von anderen zu erbetteln. Sie sind mir von Gott geschenkt. Ich bin ihm trotz meiner Schwächen und Erbärmlichkeiten liebenswert genug.

Wenn wir Ja sagen zu uns selbst, dann brauchen wir die Lüge nicht. Denn die Wahrheit unseres Lebens, das, was wir wirklich sind als Gottes Ebenbild, ist viel schöner, als wir in unserem Wahn daraus machen wollen. Wie verblendet muss man sein, zu meinen, dass man nur das ist, was man leistet oder besitzt? Wie wertlos muss man sich selbst empfinden, wenn man glaubt, erst durch irgendetwas jemand zu sein?

Die Empfänglichen

„Selig, die arm sind vor Gott ...", das heißt: selig die Empfänglichen. Die sind angesprochen, die hier noch nicht alles haben, die offen genug sind, um sich darüber hinaus beschenken zu lassen. Sie geben sich mit dem, was die Welt ihnen zu bieten hat, nicht zufrieden. Ihre Hoffnung geht weit über das Vorhandene hinaus, ihre Leidenschaft ist hungrig nach mehr. Selig sind, die so arm sind, dass Gott ihr Reichtum werden kann.

Authentisch

Die erste Seligpreisung korrespondiert mit der sechsten Preisung. Wörtlich steht da:

„Selig die Armen dem Geiste nach" (3).
„Selig die Reinen dem Herzen nach" (8).

Eine Reinheit ist gemeint, die nicht nur an äußeren Dingen hängt, sondern den Menschen ganz bestimmt, ihn also authentisch sein lässt. Ein reines Herz kann wohl nur der haben, der weiß, wofür sein Herz schlägt. Ein reines Herz gewinnen, das heißt, die eigenen Zweideutigkeiten überwinden, leben, wie man redet, und reden, wie man lebt. In einem außerbiblischen Jesus-Wort heißt es: „Wann ist das Reich Gottes gekommen? Wenn das Äußere geworden ist wie das Innere und das Innere wie das Äußere."

Verlockend

Die Seligpreisungen sind wie die Eckpunkte eines verheißungsvollen Lebens im Zeichen des Reiches Gottes. Die Seligkeit eines solchen Lebens stellt sich nicht erst einst in der Ewigkeit ein, sie ist schon jetzt erfahrbar. Die Preisungen nehmen die Fähigkeit des Menschen zum Guten ernst. Es lässt sich damit leben, wenn wir es nur versuchen. Wie weit trage ich den brennenden Wunsch nach mehr Gerechtigkeit, Barmherzigkeit und Frieden in mir? Wie viel von mir selbst werfe ich dafür in die Waagschale? – Es wird uns nichts geschenkt ... – es wird uns alles geschenkt! In der Spannung zwischen diesen beiden Aussagen bewegt sich das Leben, das sich von den Seligpreisungen locken lässt.

Gesalzen

5. SONNTAG IM JAHRESKREIS
Schrifttext: Mt 5,13–16

Der kategorische Indikativ

Eine programmatische Eröffnung: „Ihr seid das Salz der Erde ..." (13), „Ihr seid das Licht der Welt ..." (14). Das sind große Worte. Zu groß – oder? Das Wort kann einem im Halse stecken bleiben. Das „ihr" ist ja betont vorangestellt. Also nicht andere, sondern wir. Und nicht ein armseliges Kirchenlicht, sondern Licht der Welt. Das sind wir nicht eines fernen Tages, wir sind es hier und heute kraft unserer Berufung. Jeder mag das einmal in einer stillen Stunde für sich selbst durchbuchstabieren und laut sagen: Ich bin Salz der Erde; ich bin Licht der Welt. Wer bringt dazu den Mut auf?

Wir hätten vielleicht eher einen Imperativ erwartet: Seid Licht der Welt! Das steht da nicht. Gott sei Dank! Wir wären restlos überfordert – wie Blinde, denen man zuruft: Macht doch die Augen auf! Salz der Erde, Licht der Welt, das geht nicht auf Befehl. Der christliche Glaube beginnt nicht mit dem kategorischen Imperativ, sondern mit dem kategorischen Indikativ. Der kann uns in unserer krisengeschüttelten kirchlichen Situation ein gelassenes, klares Selbstbewusstsein schenken.

Ferment

Eins ist beiden Bildworten als Eigenschaft gemeinsam: Selbstgenügsamkeit ist ihnen fremd. Salz will ausgestreut und vermischt werden, Licht will sich im Leuchten verzehren. Sowohl das Licht wie das Salz haben ihre Bedeutung darin, dass sie wirken, indem sie sich verschwenden. Die Kirche ist dann am meisten sie selbst, wenn sie sich selbst nicht so wichtig nimmt und sich für das Ganze einsetzt. Die missionarische Spitze der Bildworte ist unverkennbar. Es geht um die Erde, um die Welt. Erhaltet eure Salzigkeit, lasst euer Licht leuchten, denn das ist es, was für die Menschen lebensnotwendig ist. Unsere Gesellschaft braucht nicht die Verdoppelung ihrer eigenen Rat- und Hoffnungslosigkeiten durch Religion. Wir brauchen der Erde nicht Erde, der Welt nicht Welt zu geben. Wir schulden ihr das, was sie aus sich heraus nicht hat und von niemandem sonst bekommt: das Salz, das Licht des Evangeliums. Wenn wir ihr das versagen, braucht es uns nicht. Der Versuch mancher Gruppen und Bewegungen, christliche Gegenwelten aufzubauen, ist wenig aussichtsreich. Die Kirche muss sich als Ferment im Ganzen bewähren, sie ist kein Rückzugsort für ängstliche Gemüter.

Salzloses Salz

Die Mahnung dieser Worte ist nicht zu überhören. Die Jünger können ihre Sendung verfehlen. Im Grunde ist es ein Widerspruch in sich, eine bare Unmöglichkeit: salzloses Salz (vgl. 13). Genau dieses Paradox kennzeichnet die Situation der Christen, die ihrer Sendung untreu werden. Sie verlieren ihren Sinn, werden weggeworfen. Wie das Salz in die Suppe, so gehört das Licht auf den Leuchter. Unter dem Scheffel hat es keinen Sinn (vgl. 15). Könnte es sein, dass wir so viel zusammengescheffelt haben, dass man das Licht nicht mehr sehen kann? Bischof Hilarius (4. Jahrhundert, zur Zeit der Konstantinischen Wende) sagt: „Der Staat schlägt uns nicht mehr mit dem Schwert den Kopf ab, sondern mordet mit Geld unsere Seele."

In Gottes Namen

Das Licht, das in uns leuchtet als Reflex des göttlichen Lichtes, ist sozusagen die Beleuchtung für die guten Taten. Sie werden zum Hinweis auf Gott, den „Vater im Himmel" (16). Seine Verherrlichung ist das Ziel unserer Sendung. Es muss also klar sein, in wessen Namen die Jünger handeln, dass sie im Auftrag Gottes unterwegs sind und sich nicht im eigenen Glanz sonnen.

Der Widerschein des göttlichen Lichtes in uns soll leuchten, damit die Werke sichtbar werden. Wo dieses Licht reflektiert wird, da strahlt die grauste Kirchenmaus. Da wird uns die Erkenntnis geschenkt, dass wir nicht verlorengehen, dass wir einander lieben können, dass Vergebung möglich ist, dass die Hoffnung nie sterben muss.

Im Überfluss

6. SONNTAG IM JAHRESKREIS I
Schrifttext: Mt 5,17–20

Gesetz, Buchstabentreue bis zum I-Tüpfelchen, das klingt nicht nach Evangelium. Wird hier nicht die Gesetzlichkeit auf die Spitze getrieben? Und das mitten in der Bergpredigt, die ja gerade mit der Engführung auf das Gesetz bricht.

So nicht!

Der betont vorangestellte Vers 17 ist eine Art christologischer Grundsatzerklärung: „Denkt nicht, ich sei gekommen, um das Gesetz und die Propheten aufzuheben. Ich bin nicht gekommen, um aufzuheben, sondern um zu erfüllen." Offenbar gibt es Leute, die von einem anderen Jesus träumen: „Denkt nicht ..." Das ist eine klare Sprache in der Auseinandersetzung um die Bedeutung des Gesetzes. Das Gesetz ist hier nicht als Sammlung von Paragraphen verstanden. In der bei Matthäus wiederholt anzutreffenden Verbindung von „Gesetz und Propheten" meint es die Summe des im Alten Bund verbürgten Wortes Gottes. Jesus ist nicht gekommen, es aufzuheben, sondern es zur Vollendung zu führen. Gott bleibt bei seinem Wort. Jesus unterstreicht das, zeigt aber zugleich die Grenzen des Gesetzes auf.

Mehr als Gesetz

„Wenn eure Gerechtigkeit nicht weit größer ist als die der Schriftgelehrten und der Pharisäer, werdet ihr nicht in das Himmelreich kommen" (20). Die Gerechtigkeit, die Jesus meint, geht weit über die Gesetzesgerechtigkeit der Schriftgelehrten und Pharisäer hinaus. Sie ist nicht eine Gerechtigkeit außerhalb des Gesetzes, aber sie ist mehr als Gesetz. Sie ist auf dem Gesetzesweg nicht zu erreichen. Sie findet ihre Erfüllung in der Liebe. Was heißt das?

Was ist stark?

Ein altes Symbol für die Gerechtigkeit (Justitia) ist die Waage: beide Seiten im Gleichgewicht, im Lot. Jesus traut dem Menschen, der der Liebe Gottes glaubt, ein Verhalten zu, das nicht mehr nur auf den waagerechten Ausgleich bedacht ist. Er sagt: „Wenn dich einer vor Gericht bringen will, um dir das Hemd wegzunehmen, dann lass ihm auch den Mantel" (40). Leicht wird eine solche Haltung mit Dummheit und Schwäche gleichgesetzt. Von außen betrachtet kann sie so scheinen. Im Letzten jedoch ist sie ein Zeichen von Stärke. Sie erwächst aus der „weit größeren Gerechtigkeit" (20).

Die gibt sich nicht damit zufrieden, dass dem Gesetz genüge getan wird, sie macht die Liebe zum Kriterium seiner Auslegung.

Auch die Christen wissen das Zeichen der Waage als Symbol für die Gerechtigkeit zu schätzen. Doch sie können dabei nicht stehen bleiben. Sie sind herausgefordert zu jener „weit größeren" (wörtlich: „überfließenden") Gerechtigkeit, die von der Liebe geprägt ist. Sie vergleicht nicht, sie ist in kein Maß zu fassen und durch kein Gesetz einzuklagen. Sie kommt dem anderen entgegen, wo er es nicht erwartet; sie vergibt ihm, wo er es nicht verdient.

Im Überfluss der Liebe
Das Bild vom „Überfluss" bringt die Sache treffend auf den Punkt. Man stelle sich einen Brunnen vor: Wenn das Wasser heraussprudelt und über den Brunnenrand fließt, ist die Schale oft gar nicht mehr zu sehen. Das Gefäß tritt zurück vor dem „Überfluss". So tritt in der „überfließenden Gerechtigkeit" das Gesetz vor dem Überfluss der Liebe zurück, ohne dass es aufgelöst wird. Im Grunde kann man das nur im Blick auf Jesus verstehen. Was er für uns getan hat, ist in kein Maß zu fassen, ist durch kein Gesetz gefordert, es übersteigt weit die Gerechtigkeit im Zeichen der Waage. Jesus geht weit über das hinaus, was sein muss. Er geht dem Willen Gottes auf den Grund.

Gerechtigkeit und Liebe. Die Spannung, die in dieser Zuordnung liegt, ist nicht aufzulösen, solange wir Menschen dieser Erde sind. Wer sie zerreißt, wird zur einen wie zur anderen Seite in Sackgassen geraten. Die Spannung ist uns aufgegeben. Sie ist das Spannende des christlichen Lebens.

„Ich aber sage euch ..."

6. SONNTAG IM JAHRESKREIS II
Schrifttext: Mt 5,21–26

Hier spricht Gott
Was hat Jesus gewollt? Worauf kam es ihm an? Wer diesen Fragen nachgeht, stößt auf die Antithesen der Bergpredigt. Sie bringen die Botschaft Jesu auf den Punkt. „Ihr habt gehört, dass zu den Alten gesagt worden ist ... Ich aber sage euch ..." (21f.). Das „Ich aber sage euch ..." kann nur heißen: Ich spreche jetzt mit derselben Autorität, mit der Gott am Sinai gesprochen hat, ich spreche an Gottes Stelle.

Die Antithesen haben ein gemeinsames Ziel: Es geht ihnen nicht nur um den vom Gesetz festgelegten strafbaren Tatbestand (etwa Mord), sondern um das, was gesetzlich gar nicht zu fassen ist (etwa Zorn). Das ganze Gesetzeswerk ist wie ein Netz. Man kann es immer weiter und immer enger spannen. Doch mit jeder neuen Masche entsteht ein neues Loch, und wenn man sich auskennt, kann man ganz korrekt durch die Maschen gehen. Jesus hat das Netz des Gesetzes nicht weiter oder enger gespannt. Er will das Herz des Menschen gewinnen.

Es geht ums Leben
Die erste Antithese greift das fünfte Gebot aus dem Dekalog auf. „Ihr habt gehört, dass zu den Alten gesagt worden ist: Du sollst nicht töten ..." (21). Daran hat Jesus nicht gerüttelt. Aber zum Schutz des Lebens reicht das nicht. Die Antithese: „Jeder, der seinem Bruder auch nur zürnt ..." (22) geht weit über das Gebot hinaus. Sie verbietet, das Verhalten zum Bruder, zur Schwester nur von der Rechtsebene her zu regeln. Man kann sich nicht darauf berufen: ‚Ich hab ja

niemanden umgebracht.' Damit ist in Sachen Leben noch nicht viel gesagt. Wer sich dem Gebot gegenüber nichts zuschulden kommen lässt, ist damit noch lange nicht unschuldig an der Zerstörung von Leben.

Entlarvende Sprache

Wenn wir auf unsere Sprache achten, können wir Entdeckungen machen. Wir sprechen davon, dass wir jemanden erledigen, fertig machen, kalt stellen, kaputt machen ... Wir sagen: ‚Der ist für mich gestorben.' ‚Den kannst du vergessen.' Menschen gehen über Leichen. – Offenbar begegnet uns der Tod nicht nur am Ende des Lebens, sondern im mörderischen Verhalten jetzt schon, mitten im Leben. Und er ist nicht etwa nur eine Macht, die uns von außen überfällt, sondern auch unsere Tat. Wir können ihn uns zufügen, indem wir jemanden totschweigen oder totreden, ihn mundtot machen oder Rufmord begehen. „Es gibt viele Arten zu töten. Man kann einem ein Messer in den Bauch stechen, einem das Brot entziehen, einen von einer Krankheit nicht heilen, einen in eine schlechte Wohnung stecken, einen durch Arbeit zu Tode schinden, einen zum Selbstmord treiben, einen in den Krieg führen usw. Nur weniges ist in unserem Staat verboten" (Bertolt Brecht). Es gibt unzählig viele Weisen, sich und andere ums Leben zu bringen. Wir sprechen nicht nur von den Weltkriegen, sondern auch von Kleinkriegen, in denen Menschen sich Nahkämpfe liefern, einander abzuschießen versuchen.

Relativierung des Kultes

„Wenn du deine Opfergabe zum Altar bringst und dir dabei einfällt, dass dein Bruder etwas gegen dich hat, so lass deine Gabe dort vor dem Altar liegen; geh und versöhne dich zuerst mit deinem Bruder, dann komm und opfere deine

Gabe" (23f.). Hier wird der Kult grundsätzlich relativiert. Er bereinigt nicht eine bestehende Spannung, er wird durch sie hinfällig. Er ist damit nicht als überflüssig erklärt. Es heißt ausdrücklich: „dann komm und opfere deine Gabe." Aber die Versöhnung duldet keinen Aufschub. Sie macht erst den Weg frei für den rechten Gottesdienst. Gott hat es eiliger mit der Versöhnung als mit dem Opfer. Alle Liturgiereformen sind Blech, wenn nicht das Herz aus Gold ist.

Die andere Backke

7. SONNTAG IM JAHRESKREIS I
Schrifttext: Mt 5,38–42

Ist das ernst gemeint?

Wenn ein Wort aus der Bergpredigt bekannt ist, dann dies: „Wenn dich einer auf die rechte Backe schlägt, dann halt ihm auch die andere hin" (39). Zumeist ruft es Kopfschütteln hervor oder gar Gelächter. Meinen Sie nicht auch: Das geht zu weit! Bei aller Liebe, wo kommen wir denn hin, wenn wir dem Angreifer zum Dank für einen Schlag auch noch die andere Backe hinhalten. Dann sind wir ja jedem Gewalttäter wehrlos ausgeliefert. Am Ende stünde das Chaos, nicht das Reich Gottes. Wir sind mitverantwortlich für das, was durch das Hinhalten der anderen Backe geschieht. Könnten wir nicht in vermeintlichem Gehorsam gegenüber Jesu Weisung andere neben uns im Stich lassen und ihnen die Liebe schuldig bleiben?

Der Teufelskreis

Also bleiben wir beim alten Verhalten: „Auge für Auge und Zahn für Zahn" (38). Wie du mir, so ich dir, mit gleicher Münze. Wenn *der* mich reizt, reize ich ihn, wenn *der* so dumm fährt, dann zeig ich's ihm. Wenn mir jemand zu nahe kommt, dann zahl ich's ihm heim. Ist das nicht mehr als recht? Schon stecken wir mitten im Teufelskreis von Schlag und Gegenschlag, von Hass und Rache. Die politischen Auseinandersetzungen sind davon geprägt: Wenn der eine rüstet, rüstet der andere. Wenn der eine schießt, schießt der andere. Wenn der eine Atombomben baut, baut sie der andere. Wenn der eine Atombomben wirft ... – Nicht auszudenken! Spüren Sie, wie sich dieses System buchstäblich totläuft? Muss das so weitergehen? Muss man da wohl oder übel mitmachen? Nein, sagt Jesus: „Wenn dich einer auf die rechte Backe schlägt, dann halt ihm auch die andere hin" (39). Er durchbricht den Mechanismus der Vergeltung.

Wer steigt aus?

Jesus sagt nicht: Wenn dich jemand schlägt, dann ertrag's in Geduld, opfere es auf. Er plädiert nicht dafür, sich rein passiv zu verhalten. Er verkündet schon gar nicht eine Moral für Feiglinge. Er sagt „Wenn dich einer auf die rechte Backe schlägt, dann halt ihm auch die andere hin" (39). Und weiter: Wenn jemand dir das letzte Hemd pfänden will, „dann lass ihm auch den Mantel. Und wenn dich einer zwingen will, eine Meile mit ihm zu gehen, dann geh zwei mit ihm" (40f.). All diese Fälle lassen eine neue Initiative erkennen. Dem, der mich schlägt, sage ich: Auch wenn du noch einmal schlägst, ich schlage nicht zurück. Ich mache das alte Spiel nicht mit, ich steige aus.

Der Keil

Spüren Sie, da wird ein Keil geschlagen in den Teufelskreis von Rache und Vergeltung. Es entsteht ein Freiraum, eine ungewöhnliche Situation. Normalerweise ist es doch so: Der Angreifer diktiert das Gesetz des Handelns, und der Angegriffene lässt sich nichts anderes einfallen als zurückzuschlagen. Das ist einfallslos. Jesus ermutigt zu einer neuen schöpferischen Initiative. Der Angegriffene sieht im Gegenüber nicht den Feind, sondern den Menschen, den Gott geschaffen hat. Wer ihn seinen Vater nennt, für den ist das Freund-Feind-Schema grundsätzlich überholt. Er weiß, dass der andere, der sich gegen ihn wendet, gerade in dieser Situation nicht aus seiner Verantwortung entlassen ist. Und nun sagt die Liebe, was zu tun ist und was nicht. Sie kann ihm raten, auf sein gutes Recht zu verzichten und die andere Backe hinzuhalten.

Kann man so leben?
Jesus hat sein Wort wahr gemacht. In seinem Leben und in seinem Tod hat es sich bewährt. Mit ihm ist in der Welt eine neue Möglichkeit eröffnet. Bis heute gibt es Menschen, die daraus zu leben versuchen. Martin Luther King etwa: „Nicht nur weigern wir uns, auf unsere Gegner zu schießen, wir weigern uns auch, sie zu hassen … Macht mit uns, was ihr wollt, wir werden euch dennoch lieben."

Auch über den Feinden geht die Sonne auf

7. SONNTAG IM JAHRESKREIS II
Schrifttext: Mt 5,43–48

Gegenseitigkeit
‚Das ist ein Geben und Nehmen', sagen wir, ‚das beruht auf Gegenseitigkeit'. Die ist nicht zu verachten. Nur, besonders christlich ist sie nicht. „Wenn ihr nämlich nur die liebt, die euch lieben, welchen Lohn könnt ihr dafür erwarten? Tun das

nicht auch die Zöllner? Und wenn ihr nur eure Brüder grüßt, was tut ihr damit Besonderes? Tun das nicht auch die Heiden?" (46f.). Wer mit seiner Liebe auf Gegenliebe aus ist und mit dem Segensgruß im Kreis seiner Freunde bleibt, verhält sich wie die Heiden. Mit Jesus hat das noch nicht viel zu tun. Die Frage ist: Wie verhalten wir uns denen gegenüber, die uns böse wollen, obwohl sie von uns Gutes empfangen haben? Wie handeln wir, wenn's aufhört mit der Gegenseitigkeit? Gibt es dann statt Geben und Nehmen ein Hauen und Stechen?

„Ich aber sage euch ..."
Die sechste und letzte Antithese enthält eine Weisung, die ihresgleichen sucht. Die Feinde werden nicht philanthropisch verklärt, sondern so gezeigt, wie sie sind. Im Kontrast zu ihrer Bosheit fordert Jesus die Jünger auf, sie nicht auch irgendwie, sondern gerade sie zu lieben, ohne Wenn und Aber: „Liebt eure Feinde ..." (44). Das Liebesgebot duldet keine Grenzen. Selbst die Verfolger der christlichen Gemeinde bleiben ihre Nächsten. Die Jünger sollen betend für sie vor Gott eintreten: „... und betet für die, die euch verfolgen" (44). Hier ist der Teufelskreis der Vergeltung grundsätzlich durchbrochen. – Die Feindesliebe ist ein Stück christlicher Originalität. Nimmt man die jüdischen Einzelaussagen, die in eine ähnliche Richtung deuten, zusammen, dann zeigt sich bei Jesus eine extreme Zuspitzung einer im Judentum in Ansätzen vorhandenen Aussage. Sie ist nicht eine Forderung neben anderen, sondern Mitte und Spitze der Weisung Jesu. Sie führt zur Vollkommenheit (vgl. 48).

Söhne und Töchter des Vaters
Weshalb sind die Feinde zu lieben? Der Grund: Gott handelt so. Er „lässt seine Sonne aufgehen über Bösen und Guten ..." (45). Die Bösen und Ungerechten schreiben Gott

nicht vor, wie er sich zu verhalten hat. Dabei wird das Böse nicht blauäugig verharmlost oder gutgeheißen, es wird deutlich beim Namen genannt. Unrecht bleibt Unrecht. Aber Gott findet sich damit nicht ab, die Grenze zwischen Bösen und Guten hat ihre Grenze. Indem wir bis zu diesem Punkt mit ihm gehen, erweisen wir uns als seine Söhne und Töchter.

Das Gebot der Feindesliebe hat seinen Grund im Glauben an Gott. Es ist kein ethisches Prinzip, das freischwebend ohne diese Rückbindung verständlich und lebbar wäre. Wer Gott als seinem Vater vertraut, der muss keine Angst mehr um sich selbst haben, der kann sich ungeschützt den Menschen zuwenden, Gott ist ihm Schutz genug. Jesus sagt denen, die der Liebe Gottes glauben: Brecht aus dem Teufelskreis von Rache und Vergeltung aus; lasst euch nicht polarisieren; werft Steine nicht zurück; fangt die Faust mit der offenen Hand auf; widersteht der gegenseitigen Verteufelung!

Eine Utopie

Ist das Gebot der Feindesliebe eine Überforderung? In der frühen Kirche galt es als „Grundgesetz des Glaubens" (Tertullian), als das unterscheidend Christliche. Der Zweite Clemensbrief sagt: Wer seine Hasser nicht liebt, ist kein Christ. Demgegenüber tauchen sehr bald Anzeichen eines gewaltigen Unterschieds auf zwischen dem Anspruch und der Praxis. Schon Paulus ist mit seinen Gegnern nicht gerade zimperlich umgegangen, vom Zweiten Petrusbrief ganz zu schweigen. Die Neigung, das Gebot aufzuweichen, zieht sich durch die ganze Auslegungsgeschichte.

Die Feindesliebe steht ausdrücklich im Kontrast zum gängigen menschlichen Verhalten. Jesus verkündet sie nicht, weil sie plausibel ist, sondern weil mit ihm die Herrschaft Gottes im Kommen ist. Die Frage ist also, ob der Glaube daran so tragfähig ist, dass der Mensch frei werden kann, seine Feinde zu lieben. Die Feindesliebe ist die Konsequenz eines radikalen christlichen Glaubens, der weiß, dass Gott seine Sonne über allen Menschen aufgehen lässt.

Mensch, hast du Sorgen ...
8. SONNTAG IM JAHRESKREIS
Schrifttext: Mt 6,24–34

Blumenkinder?
„Sorgt euch nicht um euer Leben ..." (25). Wie kann Jesus das sagen? Hat er keine Ahnung vom Leben? Wir sorgen uns doch zu Recht um die Zukunft der Welt im Zeichen zunehmenden Terrors. Und schließlich schleppt jeder von uns seinen eigenen Packen Sorgen mit sich herum: wenn die Arbeit nicht läuft, wenn Konflikte die Beziehungen belasten, wenn wir festgefahren sind. Eltern sorgen sich um ihre Kinder, Kranke sorgen sich um ihre Gesundheit, und wir alle kümmern uns um gesundheitliche Vorsorge. Sorgen über Sorgen. Was helfen uns da die Spatzen am Himmel und die Lilien auf dem Feld? Wir können nicht wie Blumenkinder in den Tag hineinleben. Weil wir Realisten sein wollen, darum halten wir uns an die handfesten Dinge wie Brot, Kleidung, Besitz und verfallen schließlich der Illusion, dass wir damit auf festem Boden stehen. Wir tun alles, um den Wettlauf gegen den Verfall der Kräfte nur ja zu gewinnen – und müssen uns am Ende doch geschlagen geben. Da gibt es eine einfache Gesetzmäßigkeit: Wer sein Leben ganz in die eigene Hand nimmt, der muss es dann auch tragen. Ob er sich damit nicht gewaltig überhebt?

Die Einladung
Hier, an dieser Stelle, wo es um den tragenden Grund unseres Lebens geht, da trifft uns das Evangelium: „Sorgt euch nicht um euer Leben ..." (25). Das ist kein moralischer Appell, sondern eine Einladung, *die* Einladung unseres Lebens: Ihr braucht euch nicht um euer Leben zu sorgen. Letztlich könnt ihr's ja auch gar nicht. Was ihr euch besorgt – Brot, Kleidung, Geld und vieles andere –, bleibt weit hinter dem zurück, was zu besorgen wäre. An den Kern der Sache kommt ihr mit euren Sorgen überhaupt nicht heran. Ihr könnt euch das Leben nicht besorgen, es ist unverfügbar: „Wer von euch kann mit all seiner Sorge sein Leben auch nur um eine kleine Zeitspanne verlängern?" (27).

„Seht euch die Vögel des Himmels an ..."
Also lassen wir uns die Wahrheit dieser Verse von einer Fabel sagen, die von zwei Vögeln erzählt. Einer von ihnen liegt auf dem Rücken, die Beine starr gegen den Himmel gestreckt. Der andere fliegt vorbei, sieht das und fragt ihn verwundert: „Was ist denn mit dir los? Warum liegst du auf dem Rücken und streckst die Beine so starr nach oben?" Der antwortet: „Weil ich mit meinen Füßen den Himmel tragen muss. Wenn ich sie zurückziehe, stürzt der Himmel ein." In diesem Augenblick löst sich ein Blatt vom Eichenbaum und fällt leise raschelnd zu Boden. Erschrocken dreht sich der Vogel um und fliegt, so schnell er kann, davon. Der Himmel aber bleibt an seinem Ort. – Man könnte lachen über den armen Tropf, der sich so wichtig nimmt, dass er den Himmel tragen will und vor einem Blatt zu Tode erschrickt. „Seht euch die Vögel des Himmels an", sagt Jesus. „Sie säen nicht, sie ernten nicht und sammeln keine Vorräte in Scheunen; euer himmlischer Vater ernährt sie" (26). Er entwirft ein Kontrastbild zu dem Vogel, der mit seinen Füßen den

Himmel tragen will. Menschen sind gemeint, die darauf vertrauen, dass der Himmel trägt. Sie haben Hände und Füße, Kopf und Herz frei, Gottes Reich und seine Gerechtigkeit zu suchen.

Die Prioritäten

„Mensch, deine Sorgen möchte ich haben!" Eine Lappalie, denken wir, um derentwillen sich der andere graue Haare wachsen lässt. „Eure Sorgen möchte ich haben", sagt Jesus den Jüngern, sagt er uns. Ihr sorgt euch ums Essen und Trinken und um alles Mögliche. Ihr setzt falsche Prioritäten. „Euch muss es zuerst um Gottes Reich und um seine Gerechtigkeit gehen, dann wird euch alles andere dazugegeben" (33). „Zuerst" steht da. Man muss wissen, was man zuerst und was man zuletzt tut. Offenbar stimmt bei uns in der Prioritätensetzung etwas nicht: Uns geht es zuerst um „alles andere" und zuletzt kommt Gott. Jesus denkt gerade umgekehrt: Zuerst Gott und seine Herrschaft, dann regelt sich das andere schon. – „Mensch, deine Sorgen möchte ich haben ..." Vielleicht können wir das Wort einmal umkehren und an Jesus richten, als Stoßgebet: „Jesus, deine Sorge möchte ich haben", zuerst die Herrschaft Gottes und seine Gerechtigkeit.

Das Fundament

9. SONNTAG IM JAHRESKREIS
Schrifttext: Mt 7,21-27

Baustelle
Es ist eine Binsenweisheit: Die Stabilität eines Hauses hängt vom Fundament ab. Man sieht es nicht, aber es steht und fällt alles mit ihm. Ein Tor, der Tausende und Abertausende in die Fassade steckt und den Baugrund nicht prüft. Bricht das Unwetter ein, dann zeigt sich, ob das Haus solide gebaut oder in den Sand gesetzt ist.

Selbstverständlich will Jesus mit dieser Parabel nicht auf bauwirtschaftliche Probleme eingehen, es geht ihm um Lebensfragen. Unser Leben – eine Baustelle. Wir mühen uns ab, es unter Dach und Fach zu bringen. Auch hier muss das Fundament stimmen. Es ist nicht alle Tage Sonnenschein. In stürmischen Zeiten schlägt die Stunde der Wahrheit. Worauf baue ich?

Fundamentalismus
Heute wird mehr über den Fundamentalismus gesprochen und geschrieben als über das Fundament. Das stimmt nachdenklich. Warum ist das so? Warum macht uns der Fundamentalismus so zu schaffen? – *Das* Kennzeichen unserer Zeit ist die Unübersichtlichkeit. Die Welt wird immer komplexer. Das ist die Stunde der Vereinfacher. Sie haben Angst, die Übersicht zu verlieren, Angst vor dem Absturz ins Bodenlose. Mit dieser Angst im Nacken sehnen sie sich nach Sicherheit, nach einer Welt, die klar aufgeteilt ist in schwarz oder weiß, ohne die vielen Grautöne dazwischen. Die Fundamentalisten wollen aus der modernen Welt, wie sie nun einmal ist, ausbrechen und mit Gewalt „klare Verhältnisse" schaffen.

Ihr Erstarken hat aber noch einen anderen Grund. Weil unsere Fundamente ins Wanken geraten sind, darum plagt uns der Fundamentalismus. Wir wissen immer mehr und sind uns in den letzten Fragen des Lebens immer weniger gewiss. Alles droht gleichgültig zu werden. Wir haben nichts mehr, für das wir leben und notfalls Kopf und Kragen riskieren. Was gibt Halt? Wie finde ich ein tragfähiges Lebensfundament?

Hören und Tun
Wir sagen: „Auf dessen Wort kannst du bauen", „auf deren Wort kannst du bauen!" Das ist ein Gütesiegel für die Verlässlichkeit einer Person. Jesus sagt uns: Auf mein Wort könnt ihr bauen. Er verwendet dieses Bildwort vom Hausbau am Ende der Bergpredigt, es ist also nicht ohne sie zu haben. Die Bergpredigt ist das Fundament des Lebens, um das es Jesus geht. Er sagt dort: Ihr müsst nicht im Teufelskreis von Hass und Rache gefangen bleiben, ihr könnt daraus ausbrechen. Ihr müsst nicht Gleiches mit Gleichem vergelten, ihr könnt die andere Backe hinhalten und das Böse durch das Gute überwinden. Der Feind muss nicht Feind bleiben, ihr könnt in ihm den Menschen entdecken, über den Gott seine Sonne aufgehen lässt. Wer auf den festen Grund der Bergpredigt baut, kann viel wagen. Freilich: Es genügt nicht, Jesu Wort nur zur Kenntnis zu nehmen. Wer es nur hört, aber nicht tut, der verliert den Boden unter den Füßen. Das gelebte Wort der Bergpredigt ist das Fundament, das auch in schweren Zeiten trägt. Kein leichtes Bauen also!

Golgota
Der Fels, auf den der kluge Mann der Bergpredigt baut, erweist sich in der Lebensgeschichte Jesu als der Fels von Golgota. Auf ihm wird mehr bezahlt, als im Leben jemals erstat-

tet wird. Auf ihm werden unschuldig Schläge erlitten, für die niemals ein irdisches Gericht Genugtuung spricht. Doch wer auf den Grund der Bergpredigt baut, hat die Zusage Gottes, dass seine Hoffnung und Sehnsucht nicht in den Sand gesetzt sind, so wahr Jesus von den Toten auferstanden ist.

Anstößig

10. SONNTAG IM JAHRESKREIS
Schrifttext: Mt 9,9–13

Kurz und bündig

Das ist wohl die kürzeste Berufungsgeschichte im Evangelium: Jesus sieht den Zöllner Matthäus bei seiner Arbeit und ruft ihn zu sich: „Folge mir nach!" (9), so steht's da kurz und bündig. Er macht ihm kein Angebot, er fragt nicht: ‚Hättest du wohl Lust?' Er fordert heraus ohne Wenn und Aber. Sicher, die Berufungsgeschichten sind stilisiert. Aber sie bringen die Sache auf den Punkt: Jesus ruft, und Matthäus lässt alles liegen und stehen und folgt aufs Wort. Das klingt hart. Wo bleiben da die eigenen Interessen und Bedürfnisse? Ob wir mit aller Sorge um uns selbst die Autorität Gottes verharmlosen? – „Folge *mir* nach!" Matthäus folgt nicht einer Idee. Er schließt sich nicht einem Aufruf oder einer Erklärung an, sondern Jesus selbst. Für ihn gibt es nur noch eins: hinter Jesus her. Hinter was oder hinter wem sind wir her?

Außenseiter

Wen beruft Jesus da? Zoll- und Mautkassierer waren in Israel als Kollaborateure mit den Römern verschrien. Sie lebten, dachte man, von dunklen Geschäften. Dem Gesetz notorisch untreu, galten sie als kultisch unrein. Die bürgerlichen Ehrenrechte waren ihnen versagt. Jesus beruft also einen krassen Außenseiter. Der wird einer von denen, die dazugehören zum Kreis der Zwölf. Der Outcast wird zum Insider.

In schlechter Gesellschaft

Jesus kehrt bei Matthäus ein und setzt sich mit ihm an einen Tisch. Andere kommen hinzu, „viele Zöllner und Sünder" (10). Aus Zaungästen werden Gäste des Hauses. Da stoßen Welten aufeinander. Wer wie Jesus die Konventionen so auf den Kopf stellt, erntet nicht nur Beifall. Was in den einen Hoffnung weckt, macht den anderen Angst. Die schon immer alles wussten, verstehen auf einmal die Welt nicht mehr. Der Konflikt mit den Pharisäern lässt nicht lange auf sich warten. Kaum sitzt Jesus am Tisch, sind sie auch schon da. Statt dass sie sich direkt an ihn wenden, reden sie hinten herum mit den Jüngern: ‚Das tut man nicht in Israel. Weiß euer Meister nicht, was das für Leute sind, mit denen er sich an einen Tisch setzt?' Für die Pharisäer ist Jesu Verhalten eine Provokation. Sie, die religiösen Insider, stehen auf einmal draußen.

Rechtfertigung

Jesus rechtfertigt sein Verhalten mit drei Argumenten:
- Das leuchtet unmittelbar ein: Der Arzt ist für die Kranken da, nicht für die Gesunden. Jesus versteht sich als Arzt. Er wendet sich denen zu, die seine Hilfe am meisten brauchen: die Humpelnden und Hinkenden, die Angeschlagenen, alle, die gefangen sind im Teufelskreis ihres Versagens und ihrer Schuld. Die am Boden liegen, sollen wieder auf die Beine kommen.
- Im zweiten Argument nimmt Jesus ein Gotteswort des Propheten Hosea (6,6) für sich in Anspruch. Gott will an

erster Stelle nicht unser Opfer, sondern Barmherzigkeit. Er will nicht eine Spende, sondern uns selbst, unser Herz. Das Wort Barmherzigkeit stammt vom althochdeutschen „armherzig": ein Herz haben für die Armen. Ähnlich das lateinische „misericors": ein Herz für die, die mies dran sind. Jesus hat ein Herz für die Ausgegrenzten und Gescheiterten.

- Das dritte Argument richtet sich ganz unmittelbar an die Adresse der Pharisäer. Sie brauchen weder den Arzt noch die Barmherzigkeit, sie sind sich selbst genug, unheilbar gesund. Jesu Sendung gilt den Sündern und Sünderinnen, nicht den Gerechten. Er will denen, die – aus welchen Gründen auch immer – irgendwo steckengeblieben sind, eine neue Chance geben. Die Sünder sind vom gleichen Schlag wie die Zöllner. Mit dieser „verbeulten Gesellschaft" (vgl. Papst Franziskus) hält Jesus Tischgemeinschaft.

Und wir? Wer gehört bei uns dazu und wer nicht? Mit wem setzen wir uns an einen Tisch und mit wem nicht?!

Umsonst

11. SONNTAG IM JAHRESKREIS
Schrifttext: Mt 9,36 – 10,8

Frustriert

„Es ist ja doch alles umsonst ..." Wie oft sagen wir das. Wir haben uns nach Kräften engagiert, aber der erhoffte Erfolg bleibt aus. Wir haben viel investiert in die Begleitung eines Menschen und es ist kein Fortschritt zu erkennen, eher geht es zurück. Es lohnt sich nicht, denken wir: „Es ist ja doch alles umsonst ..." Das lateinische Wort für dieses „umsonst" heißt frustra, es ist heute in aller Munde: frustriert! Ich bin frustriert, weil meine Anstrengungen so wenig bringen; ich bin frustriert, weil ich nicht weiterkomme; ich bin frustriert, weil bei all meinem religiösen Bemühen, bei Gebet, Gottesdienst und Nächstenliebe so wenig herausspringt. Alles umsonst!

Gratis
Es gibt ein ganz anderes Umsonst: „Umsonst habt ihr empfangen, umsonst sollt ihr geben" (8), so hören wir im Evangelium. Das ist ein Kernwort des Glaubens. Im lateinischen Text steht da nicht frustra, sondern gratis. Das klingt ganz anders. Unser deutsches „umsonst" ist doppeldeutig. Die lateinische Sprache hat dafür zwei Ausdrücke: frustra und gratis. Was ich euch geben möchte, sagt Jesus, das könnt ihr euch nicht erarbeiten, das bekommt ihr gratis. Das folgt nicht den Gesetzen des Rechnens, sondern des Schenkens. Ihr empfangt das Heil umsonst. Es ist von seinem Wesen her ganz und gar gratis. Deshalb könnt ihr es auch nur umsonst weitergeben.

Unbezahlbar
Es gibt Erfahrungen, die kann man nicht machen. Den Glauben kann man nicht herstellen, er stellt sich ein. Freude kann man nicht herstellen, sie stellt sich ein. Liebe kann man nicht herstellen, sie stellt sich ein. Man kann sie sich letztlich nicht verdienen, sie ist gratis. Man kann keinen rechtlichen Anspruch darauf geltend machen, sie vor keinem Gericht der Welt einklagen: Der liebt mich nicht! Wer an verschmähter Liebe leidet, der weiß, dass Geliebt-Werden Gnade ist. Und wer Liebe erfährt, der weiß es erst recht. Liebe ist unbezahlbar.

Ein Geschenk des Himmels

So ist es mit der Liebe Gottes, die sich in Jesus Christus offenbart hat. Sie ist nicht zu verdienen, für kein Geld in der Welt. Sie ist unbezahlbar, gratis. Wer seinen Glauben berechnen will in Aufwand und Ertrag, der merkt bald: Das bringt nichts, das ist umsonst, und er ist frustriert. Wer ihn dagegen wie ein Geschenk des Himmels annimmt, der merkt bald: Das kann ich mir gar nicht verdienen und erkaufen, das ist unbezahlbar, gratis. Wir haben in unserem Land die Kaufkraft stark entwickelt. Wir denken schließlich, alles sei käuflich und das Käufliche sei alles. Weil wir nichts mehr gratis tun können, sind wir permanent frustriert. Aller Kaufkraft zum Trotz leben wir von dem, was nicht zu kaufen ist, für das man „nur" dankbar sein kann.

Der Dank

Das muss erfahrbar bleiben. Es ist kein gutes Zeichen, dass die Kirche in unseren Breiten in der Öffentlichkeit vornehmlich mit Geld in Zusammenhang gebracht wird. Wir dürfen das Evangelium nicht dadurch in Misskredit bringen, dass wir Kapital daraus schlagen und darauf aus sind, dass bei unserem Einsatz auch ja etwas zurückkommt. Die Leute müssen spüren können: Der tut das so, ohne etwas dafür haben zu wollen, nur so, gratis, um sonst nichts.

Gratis, darin steckt das lateinische gratia (= Dank). Dank ist nicht gleichzusetzen mit Erfolg oder Entgelt. Aber Dank ist auch nicht nichts. Dank ist die angemessene Antwort auf das empfangene Geschenk. Er gebührt zunächst nicht den Boten des Evangeliums. Sicher ist auch ihnen zu danken, wenn sie gratis weitergeben, was sie empfangen haben. Aber an erster Stelle und vor allem ist Christus zu danken, denn von ihm haben wir das Heil empfangen. Darum feiern wir die Eucharistie, die große Danksagung der Kirche.

Christen mit Profil

12. SONNTAG IM JAHRESKREIS
Schrifttext: Mt 10,26–33

Der Scherenschnitt

Können Sie sich einen Scherenschnitt vorstellen? Dann wissen Sie, was Profil heißt. Nur eine Linie markiert den Umriss, und doch sieht man sofort: Es geht um diese ganz bestimmte Person. Wenn jemand Profil hat, dann sind die Grenzen scharf konturiert, mit Ecken und Kanten. Christen haben ihr eigenes Profil. Das verdanken sie dem Bekenntnis zu Jesus Christus (vgl. 32). Mancher mag denken: Dieses Profil ist im Laufe der Zeit stark abgenutzt. Dann bedarf es dringend der Schärfung. Es ist wie beim Autoreifen: Je tiefer das Profil, desto größer der Reibungswiderstand. Das zeigt sich gerade in kritischen Situationen: Die Räder rutschen nicht weg. Wenn die Reifen alt sind und abgefahren, kommt man schnell ins Schleudern. Ein gutes Profil haftet, gibt Halt.

Privatsache?

Das profilierte Bekenntnis zu Christus scheut nicht das Tageslicht. Es duldet keine Geheimniskrämerei: „Verkündet (es) von den Dächern" (27). Das ist eine klare Ortsanweisung. Die Öffentlichkeit gehört zum Wesen der christlichen Botschaft. Heute heißt es allgemein, Religion sei Privatsache. Jesus denkt ganz anders. Er will, dass wir uns outen. Eine Voraussetzung dafür ist, dass wir uns in unserem Glauben auskennen. Nur der kann den Glauben bekennen, der weiß, für was er steht und einsteht. Was ist uns so heilig, dass wir es uns in dem ganzen Stimmengewirr heute nicht ausreden lassen?

Unbequem

Die Botschaft Christi widerspricht dem herrschenden Trend zum Konformismus, zum Mittelweg, der nicht golden ist, sondern farblos. Sie ist alles andere als watteweich, sie ist unbequem und wird nicht überall auf Beifall stoßen. Sie ruft nach einer Entscheidung, sie führt zur Scheidung der Geister. Ich zitiere den seligen Oscar Romero: „Eine Kirche, die keine Krise bewirkt, ein Evangelium, das nicht erschüttert, ein Wort Gottes, das niemandem unter die Haut geht; was für ein Evangelium ist das? Ein frommes Gedankenspiel, das niemanden beunruhigt ... die Leute, die jedes beschwerliche Thema vermeiden, um nicht gestört zu werden, um keine Probleme und Schwierigkeiten zu haben, helfen der Welt nicht, in der sie leben."

Fürchtet euch nicht ...

Erzbischof Romero hatte keine Angst. Er wusste, dass er mit seinem kompromisslosen Eintreten für die Armen und Entrechteten sein Leben riskierte, aber er wusste sich noch mehr in Gottes Hand (vgl. 28). Wer Gott fürchtet, muss vor Menschen keine Angst haben. Das programmatische „Fürchtet euch nicht vor den Menschen!" (26.28.31) prägt dieses Evangelium. Jesus argumentiert mit ganz alltäglichen Beispielen: Spatzen kann man für ein paar Cent kaufen – was sind sie schon wert? Und trotzdem hat Gott ein Auge auf sie. Wenn Gott die Spatzen nicht vom Himmel fallen lässt und sogar die unzähligen Haare zählt, um wie viel mehr sorgt er sich um euch. Lasst euch also nicht von der Angst beherrschen, ihr seid in Gottes Hand (vgl. 29–31).

Jesus zu folgen, ist kein Zuckerschlecken. Wer sich in Wort und Tat öffentlich und profiliert zu ihm bekennt, muss darauf gefasst sein, auf Widerstand zu stoßen. Das ist der Ernstfall des Glaubens. Er ist nicht zu suchen, aber es ist damit zu rechnen. Das Christentum ist die Religion, die weltweit heute am meisten verfolgt wird. In unseren Breiten sieht das anders aus. Wie können wir in einer Umgebung, in der Religion oft genug belächelt wird oder als rückständig, gewaltbereit und intolerant gilt, frei und aufgeklärt von Gott sprechen? Sich zu Christus zu bekennen, kostet auch bei uns Mut. Steigt auf die Dächer, sagt Jesus (vgl. 27), hängt das Evangelium an die große Glocke!

Gewinn im Verlust

13. SONNTAG IM JAHRESKREIS
Schrifttext: Mt 10,37–42

Klare Kante

Bequem ist er nicht, dieser Jesus. Er steht nicht unbedingt für Harmonie und ist kein Kompromissler. Er hat die Leidenschaft nicht durch Gemütlichkeit ersetzt. Er erregt Anstoß, Widerspruch. ‚Überlegt euch gut, auf was ihr euch einlasst', sagt er. ‚Wundert euch nicht, wenn man euch schneidet oder mitleidig belächelt. Damit müsst ihr rechnen. Christsein bedeutet nicht, dass ihr gesellschaftlich allgemein anerkannt seid.' Wer als Christ in einem säkularen Umfeld Farbe bekennt, wird nicht selten auf Unverständnis stoßen. Das Leben in der Nachfolge Jesu hat Folgen. Es verlangt Entschiedenheit, klare Kante.

Relativierung

Jesus setzt Prioritäten: Gott zuerst! Das muss sich an den Brennpunkten unseres Lebens bewähren: „Wer Vater oder Mutter ... Sohn oder Tochter mehr liebt als mich, ist meiner nicht würdig" (37). Mit anderen Worten: Der Glaube an Jesus hat Vorrang vor den familiären Beziehungen, die werden relativiert. Ein unerhörtes Wort. Gehen wir da mit? – Sie erinnern sich an die Meldung: „Christin im Sudan wegen ihres Glaubens zum Tode verurteilt." Eine hochschwangere Frau, 27 Jahre, mit einem Christen verheiratet, soll erhängt werden. Der Grund: Ihr Vater ist Moslem. Nach islamischem Recht ist sie damit automatisch eine Muslima, obwohl sie sich als Christin bekennt. Der Strafe könne sie nur entkommen, sagt das Gericht, wenn sie ihrem Glauben abschwöre und zum Islam zurückkehre. Der Fall hat weltweit Proteste ausgelöst, die zur Freilassung führten. Der jungen Frau ist ihr christlicher Glaube offenbar so wichtig, dass sie dafür die extreme Belastung ihrer familiären Bindungen auf sich nimmt. Das ist kein Einzelfall.

Unsere Situation ist anders. Wo trifft uns das Wort Jesu? Uns ist heute zugemutet, die familiären Belastungen und auch die Herausforderung unseres Glaubens im Verhältnis zur nachwachsenden Generation durchzustehen. Der Traditionsbruch ist offenkundig. Einen Laissez-faire-Glauben werden die Jüngeren immer weniger attraktiv finden. Wenn sich bei ihnen Überzeugungen herausbilden sollen, braucht es Menschen mit einem profilierten Lebenskonzept.

Kreuzträger
Wer sich auf Jesus einlässt, muss sich auf einiges gefasst machen. Es führt kein Weg am Kreuz vorbei: „Wer nicht sein Kreuz auf sich nimmt und mir nachfolgt, ist meiner nicht würdig" (38). ‚Sein Kreuz tragen' ist zum Bild geworden für das menschliche Leid ganz allgemein. Darum geht es hier nicht, schon gar nicht um das rein passive Hinnehmen des Leids. Es geht um eine aktive Lebensgestaltung, die das Leiden nicht scheut, das die Nachfolge mit sich bringt. Wer sich an Jesus orientiert, gerät sehr bald in Situationen,

wo er sich selbst als Kreuzträger wiederfindet. Jesus garantiert kein bequemes Daseinsglück, keine rundum gelassene Selbstversöhnung. Sein Weg ist hart, aber er trägt.

Die Lebensfrage
Wo kann man das Leben finden und wie verliert man es? Das ist *die* Lebensfrage. Was wird heute nicht alles investiert, um das Leben, das wahre Selbst zu finden. Die Antwort Jesu geht in eine ganz andere Richtung: „Wer das Leben gewinnen will, wird es verlieren; wer aber das Leben um meinetwillen verliert, wird es gewinnen" (39). Kein Jesus-Wort ist so oft überliefert wie dieses: sechsmal – ein Schlüsselwort! Wie ist es zu verstehen? Zunächst: Es geht nicht um das Leben nach dem Tod, sondern um unser Leben hier und jetzt in der Nachfolge Jesu. Da gilt: Verlust im Gewinn und Gewinn im Verlieren! Ist das nicht paradox? Nur der wird das Leben finden, der es nicht mit aller Macht haben und festhalten will, sondern es lassen kann. Nur der wird sich selbst finden, der nicht sich selbst sucht, sondern sich selbst vergessen kann. Liebende wissen: Je mehr wir von uns selbst geben, desto reicher werden wir; je mehr wir in der Liebe über uns hinauswachsen, desto mehr werden wir zu uns selbst kommen und das Leben gewinnen. Man gewinnt nur das, was man verschenkt.

Ein Jubelruf

14. SONNTAG IM JAHRESKREIS
Schrifttext: Mt 11,25–30

Von den Preisen sprechen wir viel, vom Preisen weniger. Jesus umso mehr! Er stimmt ein Loblied an: „Ich preise dich, Vater ..." (25). Stimmen wir ein? Das ist gar nicht so einfach. Die Begründung des Jubels wirft Fragen auf.

Lob der Dummheit?
Jesus preist den Vater, weil er das Evangelium „den Weisen und Klugen verborgen, den Unmündigen aber offenbart" hat (25). Was soll man dazu sagen? Vielleicht denken Sie: Typisch Kirche! Die gescheiten Leute werden abgekanzelt. Wer weiterdenkt, muss seinen Kopf zu Hause lassen. „Opfer des Verstandes", hat man früher gesagt und den schlichten Kinderglauben hochgejubelt. Ist's das, was Jesus im Blick hat? Offenbar will er nicht eine bestimmte Bildungsschicht disqualifizieren, sondern eine bestimmte Haltung; er wendet sich nicht gegen die Gebildeten, sondern gegen die Eingebildeten, gegen die Leute, die sich für so klug halten, dass sie über Gott genau Bescheid wissen. Das Evangelium ist ihnen nicht deshalb verschlossen, weil sie klug sind, sondern weil sie mit Gott fertig sind. Kurz gesagt: Jesus verachtete nicht das Denken, er will, dass wir umdenken, umkehren zu Gott.

Lasst Gott groß sein ...
Die Weisen und Klugen – und nun zu den Unmündigen. Ihnen wird das Evangelium offenbart. Rätselhaft, oder? Alle Welt redet heute von Mündigkeit. In der Kirche ist aus allen Ecken zu hören, dass gerade auch die Laien mündig sind, in

der Gesellschaft ihren Mund auftun sollen. Die Unmündigkeit gilt als Übel, dem schleunigst abgeholfen werden muss. Und Jesus jubelt sie hoch? Wie soll man das verstehen? – Die Unmündigen sind den „Armen" benachbart, die Jesus besonders am Herzen liegen. Menschen sind gemeint, deren Sehnsucht über die Welt hinausgeht, die ihr Heil nicht in ihrem eigenen Vermögen suchen. Sie sind nicht fertig mit Gott. Sie sind so arm, dass Gott ihr Reichtum werden kann. Da sie klein sind, können sie Gott groß sein lassen.

Aufatmen können
Ihnen sagt Jesus: „Kommt alle zu mir, die ihr euch plagt und schwere Lasten zu tragen habt. Ich werde euch Ruhe verschaffen" (28). Mühselig und beladen – darin werden sich wohl die meisten wiederfinden. So ist das Leben: Stress in der Arbeit, Stress in den Beziehungen, gescheiterte Pläne, enttäuschte Hoffnungen. Aber es geht nicht nur darum. Adressaten dieses Heilandsrufes sind nicht zuletzt (sondern zuerst!) alle, die unter religiösen Lasten leiden, denen der christliche Glaube nicht als Weg zur Freiheit vermittelt worden ist, sondern als Gesetz, das Leben zerstört statt fördert. Die Kirchengeschädigten sind angesprochen, alle, die denken: Das Leben ist schon schwer genug – und dazu bin ich dann auch noch katholisch.

„Kommt alle zu mir", sagt Jesus, „ich werde euch Ruhe verschaffen ..." (28), eine Ruhe ohne Beruhigungstabletten, eine innere Ruhe, die von Druck und Angst befreit (auch von der Angst vor Gott), eine Ruhe, die Kraft zum Leben schenkt. Jesus eröffnet ein Leben nicht mit dem „Du musst!", sondern mit dem „Du darfst!" Wer nichts zu lachen hat, darf Hoffnung schöpfen. Wer aus dem letzten Loch pfeift, darf aufatmen.

Last des Lebens
„Nehmt mein Joch auf euch und lernt von mir ..." (29). Das Tragholz liegt quer auf unseren Schultern. Es scheuert und drückt, hinterlässt Wunden an Leib und Seele. Sie kennen das doppelbogige Joch über zwei Pferden oder Ochsen. Jesus hat sich einspannen lassen an unserer Seite. Keiner ist mehr mit seiner Last allein. Jesus setzt uns nicht unter Druck, aber er erlaubt uns auch nicht, dass wir uns drücken. Er hat mit Simon von Zyrene das Tragholz geschleppt, das ihn dann selber trug. Das Joch hat ihn nicht untergekriegt, sondern ihm und uns das Leben geschenkt, dem der Tod nichts mehr anhaben kann.

Können wir den Ton halten, den Jesus anstimmt?: „Ich preise dich, Vater ..." (25). Wir sind eingeladen, mit ihm den Vater zu preisen, auch mit einem solchen Querbalken auf dem Rücken, unserem Kreuz, und mit dem Wort des Völkerapostels im Ohr: „Einer trage des anderen Last ..." (Gal 6,2).

Zeit zur Aussaat

15. SONNTAG IM JAHRESKREIS
Schrifttext: Mt 13,1–9

Ein großzügiger Sämann
Der Sämann, ein Bildwort aus der vergangenen Agrarkultur – oder? Es gibt Bilder, die wir nicht nur vor Augen haben und auf dem Bildschirm, sondern in uns, Urbilder. Unser Leben ist ausgespannt zwischen Aussaat und Ernte. Der Psalm 90 erinnert uns daran:

„Von Jahr zu Jahr säst du die Menschen aus;
sie gleichen dem sprossenden Gras.
Am Morgen grünt es und blüht,
am Abend wird es geschnitten und welkt."

Gott ist als der Sämann gedacht, der die Menschen aussät. Im vorliegenden Gleichnis ist Jesus der Sämann. Es fällt auf, dass beim Säen vieles danebengeht: auf den Weg, auf steinigen Boden, unter Dornen und Disteln. Passt der Sämann nicht auf? Sein ungewöhnliches Handeln lässt vermuten, dass hier mehr gesagt werden soll. Was denn? Jesus hat in seinem Wirken große Zeiten erlebt. Das Volk strömte in Scharen zu seiner Predigt. Aber dann ist dieser „Galiläische Frühling" vorbei. Der durchschlagende Erfolg bleibt aus. Die Jünger sind verunsichert. Ist alles umsonst? In eine solche Situation hinein erzählt Jesus dieses Gleichnis vom Bauern, der unverdrossen den Samen ausstreut. Er spart nicht. Weit ausladend wirft er das Korn auf den Acker, sodass vieles über den Rand unter die Dornen fällt. Was soll's? Entscheidend ist, dass der Same auf fruchtbarem Boden vielfachen Ertrag bringt.

Für die Katz?

Das ist ein Trostwort auch in unserer Situation. Wir werden weniger in der Kirche, das spürt man deutlich in unseren Gottesdiensten. Gerade ältere Seelsorger fragen sich bekümmert: Wir haben uns doch alle Mühe gegeben, um in Predigt, Religionsunterricht und Katechese das Evangelium unter die Leute zu bringen. Das war ja nicht weniger intensiv als in früheren Zeiten. Und der Erfolg? Ist es in den Wind gesprochen? Eltern und Großeltern fragen sich: Was haben wir nur falsch gemacht? Wir haben, so gut wir konnten, den Samen ausgesät. Und nun gehen die Kinder ihre eigenen

Wege und wollen von Gott und der Kirche nicht mehr viel wissen. Ist denn alles für die Katz gewesen? – Auch im Winter wächst das Korn.

In Christi Namen

Der Sämann im Gleichnis geht seinen Weg. Im Saatbecken trägt er das Kostbarste, was er hat: das Saatgut. Für einen Augenblick hat er den Samen in der Hand, dann öffnet sich die Hand und der Same fällt zur Erde. Was draus wird, das hat er nicht in der Hand. Mag man ihm auch zurufen: Merkst du denn nicht, die Vögel picken hinter dir alles weg; und da, die Steine und Dornensträucher! Wie soll da etwas wachsen? Der Sämann lässt sich nicht beirren. Er geht mit festem Schritt und streut kraftvoll den Samen aus. Er traut der Saat und dem Acker. Wenn wir uns diesen Sämann zu eigen machen wollen, dann nur, indem wir uns Christus zu eigen machen. In seinem Namen und in seinem Auftrag säen wir aus.

Was säen wir aus?

Bevor wir den Acker verteufeln, „die böse Welt", sollten wir unsere eigene Verkündigung überprüfen: Was bringen wir in der Kirche unter die Leute? Ist es das, worum es Jesus ging, wofür er lebte und starb? Trägt unser Saatgut das Gütesiegel des Evangeliums?

Viele in der Kirche erstellen umfangreiche Boden- und Zeitanalysen. Die können ja auch hilfreich sein. Aber: „Wer ständig nach dem Wind schaut, kommt nicht zum Säen, wer ständig die Wolken beobachtet, kommt nicht zum Ernten" (Koh 11,4). Wer sich von den Umständen abhängig macht, kommt nicht zur Sache. Es ist Zeit zur Aussaat. Die Saat hat's in sich!

Wachsen lassen

16. SONNTAG IM JAHRESKREIS
Schrifttext: Mt 13,24–30

Ausreißen?

Ein Bauer hat Weizen gesät. Als das Korn heranwächst, merkt er: Es ist Unkraut dazwischen. Was tun? Die Knechte wissen das genau: ausreißen! Nein, sagt Jesus: „Lasst beides wachsen bis zur Ernte" (30). – Wir schütteln den Kopf: Das Unkraut wachsen lassen? Es muss vernichtet werden. Das weiß jeder, der einen Garten hat, und der Bauer weiß es erst recht. Unkraut bringt die Ernte in Gefahr oder mindert den Ertrag. Was wird heute nicht alles (oft mit fatalen Folgen!) eingesetzt, um es zu vernichten. Das Bild des Gleichnisses widerspricht offenkundig landwirtschaftlicher und gärtnerischer Vernunft – und lässt gerade deswegen aufhorchen. Was will Jesus sagen?

Heißsporne

Oft genug denken wir: Man muss das Übel an der Wurzel packen und endlich klare Verhältnisse schaffen. Also werden Säuberungsaktionen angestiftet im Namen des Guten, schließlich auch im Namen Gottes. Die Islamisten etwa wollen mit aller Gewalt reine Bahn machen. Doch es geht keineswegs nur um sie. Das Schema, nach dem die Fundamentalisten aller Couleur in ihrem blindwütigen Eifer verfahren, ist immer dasselbe: Erst wird der Gegner als Teufel an die Wand gemalt, daraufhin sieht man sich legitimiert, ihn auszurotten. Dahinter steht der Wahn, man könne ein reines Feld, eine heile Welt herstellen. „Vernichten wir das Böse!" Wo Menschen unter dieser Parole ans Werk gegangen sind, haben sie in aller Regel eine breite Blutspur hinterlassen, auch in der Kirche. Die Exekution von Ketzern und die Hexenverbrennungen geschahen im Namen des sauberen Weizenfeldes. Man wollte das Böse oder das, was man dafür hält, mit Stumpf und Stiel ausrotten. Immer wieder hat es Versuche gegeben, aus der Kirche eine Gemeinschaft der Reinen (Katharer) zu machen. Aber sie ist und bleibt eine „gemischte Gesellschaft" (Augustinus: corpus permixtum).

Gelassenheit

Bedenkt man das, erscheint das Gleichnis vom Unkraut unter dem Weizen als dringliche Warnung vor falscher Sicherheit, etwas als schlechthin böse zu verteufeln. In der Unterscheidung von Weizen und Unkraut sind wir gar nicht kompetent genug, das überlassen wir besser der höchsten Instanz. Für uns ist Gelassenheit angesagt. Der Weizen wird trotz aller Hindernisse zur Ernte heranreifen. Diesen Reifungsprozess darf man nicht durch Übereifer gefährden. Jesus warnt davor, jetzt schon alles sauber haben zu wollen. Er mahnt uns zur Geduld mit Gott, mit der Kirche und mit uns selbst. Das Gute wird sich schon durchsetzen. Gott wird sich durchsetzen.

Unkraut bleibt Unkraut

Ist das nicht ein naiver Geschichtsoptimismus nach dem Motto ‚Es wird alles wieder gut'? Landen wir schließlich in einer Dämmerzone, in der alle Katzen grau sind? Der Unterschied zwischen Unkraut und Weizen wird im Gleichnis nicht verwischt. Unkraut bleibt Unkraut und Weizen bleibt Weizen. Das Gericht über das Unkraut ist aufgeschoben, nicht aufgehoben. Gott gibt dem Bösen Zeit, aber nicht die Ewigkeit. Jesus hat die tödliche Macht des Bösen nicht unterschätzt und schon gar nicht bagatellisiert. Er hat die brutale Gewalt am eigenen Leibe zu spüren bekommen. Dafür steht das Kreuz. Trotz dieser schmerzvollen Erfahrung lässt er sich nicht abbringen von seinem Ziel, das Böse durch das Gute zu überwinden. Nicht einmal den Verräter weist er vom Tisch.

„Der Christ liebt niemals christlich, wenn er das Böse außer Acht lässt" (Madeleine Delbrêl). Christen nehmen die Macht des Bösen so ernst, dass sie wissen: Mit menschlichen Mitteln allein ist dagegen nicht anzukommen. Aber in der Kraft Gottes ist das Böse durch das Gute zu überwinden.

Alles auf eine Karte setzen

17. SONNTAG IM JAHRESKREIS
Schrifttext: Mt 13,44-46

„Da berühren sich Himmel und Erde ..."
Zwei Mönche lesen in einer alten Schrift, es gebe einen Ort, wo der Himmel die Erde berührt. Den Ort wollen sie finden. Sie machen sich auf den Weg und durchqueren die Welt, von Ost nach West, von Nord nach Süd. Schließlich stehen sie vor einer Tür. Dahinter soll der Ort liegen, den sie suchen. Sie treten ein – und stehen in ihrer Klosterzelle. Sie ist der Ort, wo der Himmel die Erde berührt.

So ist das mit dem Himmelreich, sagt Jesus. Ein Landwirt tut seinen alltäglichen Dienst. Furche um Furche zieht er über den Acker. Er hat beim Pflügen nicht im Traum an einen Schatz gedacht und dann sieht er ihn vor sich. Nicht zu fassen! Anders der Kaufmann. Er sucht schöne Perlen.
– Der Landmann findet, obwohl er gar nicht gesucht hat. Der Perlenkaufmann sucht und findet. Aber beide sind mit

dem Finden noch nicht am Ziel. Sie setzen alles ein, um sich das Gefundene zu eigen zu machen.

Du mein Schatz
Schatz – man muss dabei nicht an Gold und Silber denken. Es geht nicht um das viele Geld, das der gewinnt, der das große Los zieht. Wir sagen: Du bist mein Schatz, du bist meine Perle. Wenn wir den Schatz unseres Lebens gefunden haben, verändert sich alles, dann sehen wir die Welt mit anderen Augen. Es sind dieselben Felder und Wälder, Berge und Seen, die sich vor uns ausbreiten. Und doch: Wir schauen sie mit anderen Augen, wie in strahlendem Sonnenschein.

Bei der Arbeit
Beide, der Landwirt und der Perlenkaufmann, machen den Fund in ihrem regulären Dienst. Mitten in ihrem Alltag sind die Schätze verborgen, mitten in ihrem Alltag berühren sich Himmel und Erde, mal unerwartet, mal nach langem Suchen. Der Alltag wird zum Glücksfall. Der Himmel ereignet sich nicht in einem religiösen Superevent, sondern bei der täglichen Arbeit. Die verläuft allermeist in ihren geregelten Bahnen. Aber es gibt Momente, in denen sie durchsichtig wird auf Größeres, Momente der Unterbrechung, eines unsagbaren Glücks, Erfahrungen der Heimat in Gott, die Erfahrung, dass Gott uns mit sich selbst beglückt.

Jung und frisch
Es gibt im Evangelium eine Kontrastgeschichte zum Gleichnis vom Landmann (sie ähnelt ihm bis ins Wort): die Erzählung vom reichen Jüngling. Jesus ruft ihn in seine Nachfolge. Er soll alles, was er hat, verkaufen, um den Schatz zu gewinnen. Der steht leibhaftig vor ihm – Jesus

möchte ihn umarmen. Doch der Reiche kann sich nicht von seinen Habseligkeiten trennen. Seine Arme und sein Herz sind besetzt. Er kann die Umarmung Jesu nicht erwidern. Statt dass er mit Freude alles gibt, zieht er traurig mit seiner Habe davon.

Welcher Fund würde mich so überwältigen, dass ich dafür alles dransetzte? Vom Landwirt heißt es: „In seiner Freude verkaufte er alles, was er besaß, und kaufte den Acker ..." (44). Ebenso der Perlenkaufmann. Auch „er verkaufte alles, was er besaß ..." (46). Beide setzen alles auf eine Karte. Diese zwei Gleichnisse sind Geschichten eines jungen und frischen Glaubens. Ein Mensch in seiner greisenhaften Ausgewogenheit wird nicht auf die Idee kommen, alles für den Schatz einzusetzen. Aber einfacher ist der Himmel nicht zu gewinnen, er hat seinen Preis.

Ohne Elan?
Unser Glaube ist alt geworden. Wir setzen nicht alles auf eine Karte: Ein Teil des Geldes sollte man doch in festverzinsliche Wertpapiere investieren. Man muss an das Alter denken, an Schwankungen im Perlengeschäft ... Wir kalkulieren und berechnen, sind ohne Elan und Leidenschaft. Die kann man nicht verordnen, Appelle bringen da nichts. „In seiner Freude ..." (44) verkauft der Landwirt seine ganze Habe. Die Freude kommt nicht von ungefähr. Sie stellt sich ein, wenn jemand den Schatz seines Lebens gefunden hat. Dann wird die Seele so weit und so leicht, dass sie alles abwirft, was sie beschweren könnte. Woran dein Herz hängt, das ist dein Schatz. Woran hängt dein Herz?

Alle wurden satt ...

18. SONNTAG IM JAHRESKREIS
Schrifttext: Mt 14,13-21

„Es ist spät geworden ..." (15). Jesus hat den ganzen Tag über Kranke geheilt und gepredigt (vgl. Mk 6,24). Die Leute sind ihm in Scharen gefolgt und haben ihm zugehört. Was nun, da der Abend einbricht, was nun in dieser abgelegenen Gegend?

„Gebt ihr ihnen ..."

Die Jünger meinen zu wissen, was zu tun ist: „Schick doch die Menschen weg ..." (Mt 14,15), sagen sie. Für sie ist die Sache klar: Für die Predigt ist Jesus zuständig; um das Essen soll sich jeder selbst kümmern. Sie teilen das Leben in zwei Bereiche ein: hier das Reich Gottes und dort das alltägliche Leben; hier der religiöse Bereich und dort der weltliche. Das muss man auseinanderhalten, denken sie.

Jesus macht diese Trennung nicht mit: „Gebt ihr ihnen zu essen!" (16). Damit ist der bequeme Weg erledigt, die Leute nur zu bepredigen und sie im Übrigen sich selbst zu überlassen. Zum Reich Gottes gehört das ganze Leben, auch das Essen. Jesus sagt: Sorgt euch, dass die Leute satt werden!

Original christlich

Die Sorge um die Armen und Hungernden, um die Waisen und Fremden durchzieht das Evangelium. Das ist mit dem Christentum in die Welt gekommen. Weder Athen noch Rom, weder die griechisch-hellenistische noch die römische Kultur kannten eine Sorge für die Armen und Schwachen, die alten und kranken Menschen, das ist original christlich. Für die Christianisierung in unseren Breiten ist typisch, dass mit dem Gotteshaus immer zugleich auch Sozialeinrichtungen entstanden. Die Hospitäler sind christlichen Ursprungs. Der Nächstendienst durchzieht wie eine Goldader die Geschichte des Christentums bis hin zum Sozialkatholizismus in neuerer Zeit. Unser Sozialstaat hat Wurzeln im Christentum.

Wir müssen der Gefahr begegnen, bei den neuen Pastoralstrukturen heute die Dienste der Caritas in den Gemeinden ausbluten zu lassen. Es ist nicht damit getan, Gottesdienst zu feiern. Der ist wichtig, aber nicht alles. Er ist durch das Hauptgebot der Liebe an den Nächstendienst gebunden.

Bringt, was ihr habt

Jesus sagt: Es ist gar nicht nötig, die Leute wegzuschicken, damit sie von anders her Essen organisieren. Es ist ja alles da. Die Jünger wenden ein: „Wir haben nur fünf Brote und zwei Fische bei uns" (17), das langt hinten und vorne nicht. Jesus sagt: Bringt her, was ihr habt (vgl. 18). Das Wunder der Speisung geschieht aus dem heraus, was schon da ist. Das Mahl mit der großen Menschenmenge zeigt an, dass die Herrschaft Gottes angebrochen ist. Jesus erfüllt in der Kraft Gottes die Bitte des Vaterunsers „Unser tägliches Brot gib uns heute."

Wenn Gott handelt, dann knausert er nicht. Er schenkt Leben und Brot in Fülle, so viel, dass noch Körbe voll übrig bleiben (vgl. 20). Das ist ein Vorgeschmack der kommenden Herrlichkeit.

Das Wunder des Teilens

„Und alle aßen und wurden satt" (20). Wer das wirklich gehört hat, wird sich nie mehr mit dem Hunger in der Welt abfinden. Es ist und bleibt ein Skandal, dass so viele Menschen auf der Erde nicht satt werden, sondern verhungern. Dabei ist genügend Nahrung da für alle. Sie muss nur gerecht verteilt werden, das ist das Problem. „Wenn jeder gibt, was er hat, dann werden alle satt ...", heißt es in einem neuen geistlichen Lied. Wo geteilt wird, da ereignet sich das Reich Gottes.

Zu Gast an Jesu Tisch
Jesus „sprach den Lobpreis, brach die Brote und gab sie den Jüngern; die Jünger aber gaben sie den Leuten ..." (19). Bei diesen Worten denkt man unwillkürlich an das Herrenmahl. Das Speisungswunder erinnert die Jünger an etwas, das sie noch und noch mit ihrem Herrn erlebt haben und nicht vergessen können: die Gemeinschaft des Essens und Trinkens, dann schließlich die Gemeinschaft des Mahls am Abend vor seinem Tod. Jesus gibt sich hin als Brot für das Leben der Welt. Das feiern wir in der Eucharistie.

In Seenot

19. SONNTAG IM JAHRESKREIS
Schrifttext: Mt 14,22–33

Das Abenteuer Glaube

Ein Wunder. Was für ein Wunder? Es geht nicht nur um eine nächtliche Bootsfahrt der Jünger, nicht nur um ein abenteuerliches Experiment des Petrus. Es geht um das Abenteuer des Glaubens. Die Erzählung ist voller Symbolkraft. Sie spielt – bedeutungsvoll genug – auf dem Wasser. Wasser steht seit Urzeiten für Chaos (so auf den ersten Seiten der Bibel und in den Psalmen). Wir ahnen das noch, wenn uns das Wasser bis zum Hals steht, wenn wir zu versinken drohen in Angst und Schrecken und die Wellen über uns zusammenschlagen. Dann muss man sehen, dass man den Kopf über Wasser hält. – Auch das Boot mit den Jüngern ist ein Symbol. Es steht für die Kirche. Wir sprechen vom Schiff Petri, vom Kirchenschiff.

Ins Schwimmen geraten

Viele der Jünger sind erfahrene Fischer. Sie kennen den See und ihr Boot. Doch bei dieser Fahrt, zu der sie der Herr ausgesandt hat, kommt ein heftiger Sturm auf. Die Nacht überfällt sie mitten auf dem See. Sie geraten in Seenot. Und Jesus scheint weit weg. Eine Erfahrung im Schiff der Kirche, eine Erfahrung vieler Christen, dass sie mit ihrem Glauben ins Schwimmen geraten und alle Mühe haben, sich über Wasser zu halten. Und vom Herrn ist nichts zu spüren. Er bewahrt nicht vor Stürmen, er bewahrt in den Stürmen. Unser Glaube muss sich im Gegenwind bewähren.

Habt keine Angst

Mitten in der Nacht sehen die Jünger, wie eine Gestalt über das Wasser auf sie zukommt. Ein Gespenst? Sie schreien vor Angst. Da hören sie aus dem Dunkel die vertraute Stimme ihres Herrn: „Habt Vertrauen, ich bin es; fürchtet euch nicht!" (27). – Jeder kennt diese elementare Erfahrung: Das Kind wacht auf in der Nacht, es bekommt Angst und schreit. Die Mutter steht auf, nimmt es auf den Arm, drückt es an ihre Brust und sagt: Hab keine Angst, ich bin ja da. Jesus kommt über die stürmische See und sagt den Jüngern das, was die Mutter sagt: ‚Habt keine Angst, ich bin da.' Das sagt er jeder und jedem von uns.

Jesus im Blick

Petrus will den Schritt aus dem Boot heraus wagen, ohne Planken. Er möchte über das Wasser auf Jesus zugehen. Auf ihn verlässt er sich, auf sein Wort. „Komm!" (29), sagt Jesus, nur dieses eine Wort! Wie weit wird ihn sein Vertrauen über den Abgrund tragen? Solange er Jesus im Blick hat, ist er getragen. Als er auf den Wind schaut und die Wellen, umgibt ihn ein Meer von Angst. Die zieht ihn in die Tiefe. Er sackt ab. – Kann uns nicht auch angst und bange werden? Wenn jemand nur noch die nackten Realitäten sieht, dann verliert er schließlich den Mut, und schon steht ihm das Wasser bis zum Hals. Nicht das Drumherum trägt ihn, sondern der Glaube an Christus.

Die ausgestreckte Hand

Das hat Petrus nicht vergessen. In seiner Todesangst schreit er nach Jesus: „Herr, rette mich!" (30). Der glättet nicht die Wogen und verjagt nicht sofort den Sturm. Aber er ist präsent. Der Hilferuf des Petrus verhallt nicht im Leeren. Jesus streckt ihm die Hand entgegen. Warum der Zweifel?, fragt er ihn. Der

Glaube hat den Zweifel als Schatten bei sich. „Du Kleingläubiger ..." (31), sagt Jesus. Immerhin, der Glaube war bei Petrus nicht ganz verschwunden. Nicht der große, aber ein kleiner Glaube hat sich erhalten inmitten der blanken Angst.

Im Gegenwind

Die Geschichte des Petrus ist die Geschichte eines jeden von uns, der in See sticht, der zu glauben beginnt. Oft ist kein Land in Sicht, und der Wind bläst von vorn ins Gesicht. Man kommt im Dunkeln keinen Meter voran. Wir sitzen da mit unseren Ängsten und Zweifeln in unserem kleinen Boot. Von Jesus ist weit und breit nichts zu spüren. Aber er ist mitten auf dem Wasser da und achtet auf unseren Schrei: „Herr, rette mich!" (30). Die Erzählung möchte uns ermutigen, dass wir uns vom Sturm und von welchen Wellen auch immer nicht umwerfen lassen, sondern uns an Jesus halten. Er gibt uns Halt. Ein Wunder? Ja, ein Wunder!

Grenzüberschreitung

20. SONNTAG IM JAHRESKREIS
Schrifttext: Mt 15,21–28

Jesus geht über die Grenze. Er verlässt Galiläa, er zieht sich zurück in die Gegend von Tyros und Sidon. Heidnisches Land, gottlose Gegend, dachten die Juden. Für die Frau, von der hier erzählt wird, trifft das erst recht zu. Sie ist Kanaanäerin, gehört also zu einer Religion, die Israel auszurotten versuchte. Welten trennen Israel und Kanaan, ein eiserner Vorhang zwischen Gottesfurcht und Götzendienst in Form des Fruchtbarkeitskultes.

Mutig
Und nun kommt eine Frau aus diesem verhassten Volk zu Jesus. Wir können uns heute kaum noch vorstellen, was das damals bedeutet: Eine Frau, eine Kanaanäerin, und zu alledem hat sie noch ein schwer krankes Kind. Sie wird sich kaum aus dem Haus getraut haben, denn ihre Tochter wurde „von einem Dämon gequält" (22), sie ist geisteskrank. Als Jesus in die Nähe kommt, schöpft die Frau Hoffnung. Sie kümmert sich nicht darum, dass sie als Frau in der Öffentlichkeit nichts zu sagen hat, als Kanaanäerin schon gar nicht. Sie weiß nur eins: Ihr Kind braucht Hilfe, und da ist sie bei Jesus an der richtigen Adresse. So schreit sie laut, dass jeder es hört: „Hab Erbarmen mit mir, Herr, du Sohn Davids!" (22). Und Jesus? Er „gab ihr keine Antwort" (23), er zeigt ihr die kalte Schulter. Die Jünger sind genervt. Sie drängen Jesus: „Befreie sie von ihrer Sorge, denn sie schreit hinter uns her" (23). Sie sind nicht von der Not der Frau bewegt, sie wollen sie einfach nur abwimmeln.

Exklusiv?
So kennen wir Jesus nicht. Was ist nur in ihn gefahren? Eigenartig! Sonst hilft er, wo er nur kann. Warum hier nicht? Seine Antwort ist eindeutig: „Ich bin nur zu den verlorenen Schafen des Hauses Israel gesandt" (24). Jesus leugnet nicht, woher er kommt. Er ist Israelit, seine Mission gilt Israel. Er ist davon überzeugt, dass Gott die Welt durch Israel zum Heil führen will. Aber inzwischen ist er doch schon über die Grenze gegangen, er hat heidnischen Boden unter den Füßen. Kann er da noch sagen: Die Frau gehört nicht zu uns, ich bin nur für die Juden da. Wer soll das nachvollziehen können? Wir denken: Egal ob Jude oder nicht, das Mädchen ist schwerkrank, da muss doch geholfen werden.

Schlagfertig

Die Frau lässt nicht locker, trotz der schroffen Abfuhr. Sie setzt alles auf eine Karte, sie geht in die Knie: „Herr, hilf mir!" (25). Ihre Hartnäckigkeit ist einfach umwerfend. Sie achtet nicht auf das, was schicklich ist, sondern auf das, was die Sorge um ihre kranke Tochter ihr gebietet. Sogar auf den Knien ist sie aufrecht und stark. Und sie bekommt wieder eine Abfuhr, noch härter: „Es ist nicht recht, das Brot den Kindern wegzunehmen und den Hunden vorzuwerfen" (26). Fallen die Heiden unter den Tisch? Das tut weh. Doch die Frau lässt sich nicht beirren. Sie nimmt Jesus beim Wort und dreht schlagfertig den Spieß um: Fressen die Hunde nicht von den Brosamen, die vom Tisch fallen? (vgl. 27). Jesus ist platt, er muss sich geschlagen geben.

Standhaft

„Frau, dein Glaube ist groß" (28). Jesus lässt sich durch den Glauben der Frau zur Grenzüberschreitung herausfordern zu den Heiden hin. Er ist auch für sie da und nicht nur für Israel. Eine neue Erfahrung (wie beim heidnischen Hauptmann Mt 8,5–13). Jesus lernt dazu: Keiner, der glaubt, wird vor die Hunde gehen.

Eine starke, mutige Frau. Sie hätte allen Grund gehabt, Jesus den Rücken zu kehren, aber sie hat standgehalten. Was für ein Glaube! Nun wird ihr und ihrer Tochter geholfen: „Was du willst, soll geschehen. Und von dieser Stunde an war ihre Tochter geheilt" (28). Die Frau steht für einen Glauben, der Berge versetzen kann.

Petrus

21. SONNTAG IM JAHRESKREIS
Schrifttext: Mt 16,13-20

„Aus ew'gem Stein ..."

„Ein Haus voll Glorie schauet weit über alle Land ..." (Gotteslob 478,1). Dieses Lied wurde früher mit Begeisterung gesungen. Es ruft vertraute Bilder in uns wach: der Limburger Dom auf dem Felsen über der Lahn; der Petersdom in Rom. Die Kirche erscheint in leuchtenden Farben: Das Haus voll Glorie ist von Gottes Meisterhand aus ew'gem Stein erbaut. Dieses Lied ist 1875 entstanden, wenige Jahre nach dem Ersten Vatikanischen Konzil. Vom Ursprungstext ist heute nur noch die erste Strophe übrig geblieben, die anderen sind aus dem Geist des Zweiten Vatikanischen Konzils neu formuliert. Stört die erste Strophe? Sie wird kaum noch gesungen, wenn, dann sehr verhalten. Aber sie ist nicht aus der Luft gegriffen. Der Text steht im Evangelium, das Papsttum beruft sich darauf. In der Kuppel des Petersdomes ist in goldenen Lettern das Bekenntnis Jesu zu Petrus zu lesen: „Tu es Petrus, et super hanc petram aedificabo ecclesiam meam ..." „Du bist Petrus – der Fels – und auf diesen Felsen werde ich meine Kirche bauen ..." (18).

Der Baumeister

Dieses außergewöhnliche Bekenntnis Jesu zu Petrus kommt nicht von ungefähr. Da die Leute nicht erfassen, wer er wirklich ist, fragt er die Jünger: „Ihr aber, für wen haltet ihr mich?" (15). Petrus spricht für sie alle das urchristliche Glaubensbekenntnis: „Du bist der Messias, der Sohn des lebendigen Gottes" (16). Darauf ist Petrus nicht von sich aus gekommen. Das geht weit über menschliche Möglichkeiten hinaus: „Nicht Fleisch und Blut haben dir das offenbart, sondern mein Vater im Himmel" (17). Hier bricht das in einen Menschen ein und aus ihm heraus, was der Geist Gottes ihm eingibt.

Bei allem, was von Petrus zu sagen ist, gilt dieses: „... auf diesen Felsen werde *ich* meine Kirche bauen" (18). Jesus ist der Baumeister. Er ist zugleich der „Eckstein" (1 Petr 2,6). „Einen anderen Grund kann niemand legen als den, der gelegt ist: Jesus Christus" (1 Kor 3,11). Darum heißt es in unserem Kirchenlied: „Die Kirche ist erbauet auf Jesus Christ allein" (Gotteslob 478,3). Sie steht und fällt mit ihm. Ist sie heute noch bei ihrer Sache? Ist sie erfüllt von dem, was sie sich selber nicht sagen kann?

Fels und Schlüsselmann

Wie Petrus sich zu Jesus bekennt, so bekennt Jesus sich zu Petrus. Er antwortet mit einer Seligpreisung: „Selig bist du, Simon ..." (17). Er ist der Fels, auf dem Jesus die Kirche baut, mitten in dieser vergehenden Welt, nicht von Menschen gemacht, sondern durch Jesus Christus erbaut. Darum ist sie trotz der offenkundigen Schwächen des Petrus nicht in den Sand gesetzt.

Petrus ist exponiert als Fels und als Schlüsselmann (vgl. 19). Er soll den Willen Gottes von Jesus her auslegen und sagen, wo's langgeht auf dem Weg, an dessen Ende die enge Pforte zum Himmelreich aufgeschlossen wird. Bürge und Garant der Botschaft Jesu soll er sein. Ohne die Bindung an Jesus hat die Kirche keinen Bestand.

Die Hypothek

Dieser Schrifttext hat in der katholischen Kirche seine Geschichte. Unter Berufung auf ihn wurde (seit dem 3. Jahrhundert) der Anspruch des Bischofs von Rom begründet,

Nachfolger des heiligen Petrus zu sein. Das wurde nicht selten mit aller Macht durchgesetzt und hat wesentlich zu den großen Kirchenspaltungen geführt: Im 11. Jahrhundert ist die orthodoxe Kirche ihren eigenen Weg gegangen, im 16. Jahrhundert haben sich die Kirchen der Reformation getrennt. So ist dieser Text in seiner Wirkungsgeschichte durch seine dezidierte Auslegung auf das Papsttum hin zum Ausgangspunkt der großen Spaltungen geworden.

Leider ist das Petrusbekenntnis Jesu allzu oft isoliert für sich betrachtet worden, ohne den Zusammenhang im Evangelium zu bedenken, vor allem die Perikope, die unmittelbar folgt.

Der Fels wankt

22. SONNTAG IM JAHRESKREIS
Schrifttext: Mt 16,21–27

Himmel und Hölle

So dicht können Himmel und Hölle beieinander liegen. Eben hat Jesus dem Petrus die Schlüssel des Himmelreiches übertragen (vgl. 19), und jetzt fährt er ihn an: „Weiche, Satan!" (23). Das ist ein hartes Wort. Es findet sich im Munde Jesu nur zweimal: In der Versuchungsgeschichte, als der Satan Jesus mit allen Reichen der Welt und ihrer Pracht locken will, schleudert Jesus ihm das: „Weiche, Satan!" (4,10) entgegen. Hier nun trifft es nicht irgendwen, sondern den Petrus, und der steht für die Kirche. Die scharfe Reaktion zeigt, dass Jesus an einer ganz empfindlichen Stelle getroffen ist. Es geht um seine Sendung.

Anstößig

Petrus hat Jesus als den Messias bekannt: „Du bist der Messias, der Sohn des lebendigen Gottes!" (16,16). Das ist leicht gesagt. Die Frage ist: Was heißt Messias? Wie sieht das aus? Und wie verhält sich Petrus dazu? Jesus lässt ihn und die Jünger keinen Augenblick im Unklaren über den Weg, den er als Messias zu gehen hat. Er ist nicht der von vielen erträumte König in Glanz und Gloria. Sein Königsweg führt nicht nach oben, hoch hinaus, sondern nach unten in die Passion, und gerade so ins Leben. Dann „begann er, seinen Jüngern zu erklären, er müsse nach Jerusalem gehen und ... vieles erleiden" (21). Das ist schockierend für jüdische Ohren, für die Ohren der Jünger. Leider hat es für uns seine Anstößigkeit verloren. Dabei stellt es alle gängigen Gottesvorstellungen auf den Kopf. Der scheinbar untergeht, eröffnet gerade so die Gottesherrschaft.

Stolperstein

Petrus will davon nichts hören, er erhebt Einspruch: „Da nahm ihn Petrus beiseite und machte ihm Vorwürfe ..." (22). Er hat ganz anderes im Sinn. Träumt er von einem politischen Messias? Von den Reichen der Welt und ihrer Pracht (vgl. Mt 4,8)? Petrus will den Messias in Herrlichkeit, Gott den in Niedrigkeit. Hier stehen das Denken Gottes und das Denken der Menschen gegeneinander: „Denn du hast nicht das im Sinn, was Gott will, sondern was die Menschen wollen" (23). Darum die harsche Zurückweisung: „Weiche, Satan!" (23). Jesus bezeichnet Petrus als Skandalon, als Stein im Weg, der ihn zu Fall bringen will. Deutlich ist mit dem Skandalon auf das Felsenwort zurückverwiesen (16,18). Der Fels, der den Bau der Kirche tragen soll, wankt. Der Begnadete wird gerichtet, weil er die Spannung nicht erträgt, die darin liegt, dass der Messias den Weg des Menschensohnes in Niedrigkeit geht.

Die Feinde sind hier nicht die bösen anderen draußen vor den Mauern. Die größte Gefahr kommt mitten aus der Kirche, wenn die Sendung Jesu verraten wird. Das Petrusamt hat keine andere Legitimation als die Nachfolge Jesu. Das gilt für jeden Dienst in der Kirche und für die Kirche selbst. Nachfolge heißt, den Niedrigkeitsweg als den Königsweg erkennen, auf dem die Gottesherrschaft in die Welt kommt.

Hinter mir

Die schroffe Zurückweisung des Petrus hat gegenüber der Versuchungsgeschichte eine bemerkenswerte Ergänzung: Das „Weiche Satan!" ist nicht das letzte Wort Jesu. Petrus wird nicht aus dem Jüngerkreis ausgestoßen. Aber er erfährt eine deutliche Platzanweisung: „Hinter mir!", heißt es wörtlich. Dorthin ist Petrus von Anfang an berufen (vgl. 4,19). Er hat seinen Platz in der Nachfolge Jesu, nirgendwo sonst. Das „Hinter mir" wird in den Nachfolge-Logien wörtlich aufgegriffen und fortgesetzt.

Nachfolge

Wenn wir fragen, was Gott im gegenwärtigen Umbruch der Kirche sagen will, dann ist seine Platzanweisung eindeutig: hinter Jesus her. Gelebte und erlittene Christusförmigkeit ist das entscheidende Charakteristikum des Jüngers. Die Kirche ist im Laufe ihrer Geschichte der Versuchung äußerer Macht nur allzu oft erlegen. Sie hat lernen müssen, dass ihr Platz nicht bei den Thronen der Mächtigen ist, sondern hinter ihrem Herrn. Ihm nachzufolgen verheißt Zukunft für die Kirche und für jeden von uns.

Verantwortung für den Sünder

23. SONNTAG IM JAHRESKREIS
Schrifttext: Mt 18,15–20

Was tun?
Die Sünde ist so leicht nicht aus der Welt zu schaffen. Die Schlange (Urbild des Bösen) denkt gar nicht daran, sich aus dem Staub zu machen. Das mussten schon die ersten christlichen Gemeinden erfahren. Die Taufe bewahrt nicht davor, Unrecht zu tun. Mit dieser ernüchternden Erfahrung setzt die Perikope ein: „Wenn dein Bruder sündigt …" (15), was dann? Offenbar handelt es sich nicht um eine Lappalie, es geht um eine schwerwiegende Sache. Wie soll man sich da verhalten? Das Evangelium markiert einen über drei Stationen getreckten Weg. Dem Schuldigen werden nicht die Gebote um die Ohren geschlagen. Ziel ist es vielmehr, ihn für Jesu Botschaft neu zu gewinnen.

Unter vier Augen
Die erste Stufe ist das Gespräch unter vier Augen. Es führt zu nichts Gutem, wenn man sich vor der offenen Aussprache drückt und so tut, als ob gar nichts wäre; oder wenn man das Gespräch aus Angst vor einem Konflikt verdrängt und hinter dem Rücken des anderen redet. Letzteres ist eine Seuche: Wir sprechen meist über den anderen statt mit ihm. Die alttestamentliche Spruchweisheit sagt: „Wer mit den Augen zwinkert, stiftet Leid. Wer offen tadelt, stiftet Frieden!" Indem wir das Problem offen ansprechen, zeigen wir dem anderen, dass wir ihm Lernfähigkeit zutrauen und Bereitschaft zur Einsicht.

Unter Zeugen

Was ist, wenn das Vieraugengespräch fehlschlägt? Dann ist die zweite Stufe auf dem Versöhnungsweg angesagt. Ich lasse mich nicht entmutigen, breche das Gespräch nicht vorschnell ab. Als Christ vertraue ich auf die Kraft des Gebetes (vgl. 19f.), darauf, dass ein weiterer Versuch zur Lösung des Konfliktes nicht zwecklos ist. Ich ziehe einen Dritten ins Vertrauen und nehme ihn mit (als Zeugen) zum erneuten Gespräch. Er könnte helfen, dass wir nicht aneinander vorbeireden. Er könnte ein Zeichen geben, wenn ich von oben herab rede oder den anderen besserwisserisch zurechtweise und ihn bloßstelle.

Ausschluss

Wenn auch so nichts zu machen ist? Dann gibt es nur noch eins: Der Fall muss – das ist die dritte Stufe – vor die Gemeinde gebracht werden. Sie ist hier die letzte Instanz. Und wenn sich der andere auch von der Gemeinde nichts sagen lässt? „Dann sei er für dich wie ein Heide oder Zöllner" (17), also wie einer, der nicht mehr dazugehört. Das ist ein klares Wort – hart! Das heißt doch: Exkommunikation.

Dieses Wort steht in deutlicher Spannung zu anderen Aussagen Jesu. Am kommenden Sonntag wird uns im Evangelium die grenzenlose Vergebung verkündet: „Nicht siebenmal, sondern siebenundsiebzigmal" (22). Wie soll man das mit dem Ausschluss aus der Gemeinde zusammenbringen? Der Evangelist hat diesen inneren Spagat nicht aufgehoben. Er kann weder sagen, dass die Bindegewalt der Gemeinde bedeutungslos ist, noch kann er sagen, dass sie die Lösegewalt (also die Vergebung) begrenzt. Er kann die Souveränität Jesu, der sich ausdrücklich mit den Zöllnern an einen Tisch setzt, nicht einschränken. Dass jemand für die Gemeinde wie „ein Heide oder Zöllner" (17) wird, kann nie das Ziel kirchlichen Handelns sein, allenfalls dessen Folge. Anders gesagt: Jemand wird nicht ausgeschlossen aus der Gemeinde, er schließt sich durch sein Verhalten selber aus.

Nicht wegschminken

Bei aller Vergebung – Sünde bleibt Sünde. Sie darf nicht kleingeredet werden nach dem Motto: ‚Macht alles nichts, es wird ja doch vergeben.' Nur eine Kirche, die Unrecht und Sünde beim Namen nennt, kann davon lossprechen („lösen", vgl. 18).

Ein vorschnell vertröstender Zuspruch hebt das Gefühl von Schuld, hebt den inneren Ruf nach Wiedergutmachung nicht auf; sie bleiben stärker als der Schleim von Beschwichtigungen. Ist es nicht das Leben selbst, das uns die Abgründe unserer Schuld ahnen lässt? Ein reifer Glaube kann sie nicht einfach wegschminken, er muss sich ihnen stellen. Halten wir Gott vielleicht deswegen nicht stand, weil wir unserer Schuld nicht mehr standhalten, weil unser Gewissen verflacht ist und wir uns die Verantwortung für unser Versagen nicht mehr eingestehen wollen? Das betrifft jeden von uns, so wahr die Finger auf uns selbst zeigen, wenn wir beim Confiteor mit der Hand an unsere Brust schlagen.

Liebende leben von der Vergebung

24. SONNTAG IM JAHRESKREIS
Schrifttext: Mt 18,21–35

Nicht zu berechnen
„Herr, wie oft muss ich meinem Bruder vergeben", fragt Petrus, „siebenmal?" (21). Mit anderen Worten: Einmal ist Schluss. Jesus antwortet: „Nicht siebenmal, sondern siebenundsiebzigmal" (22). Also: grenzenlose Vergebung! Ist das nicht eine Illusion? Wo kommen wir da hin? Man macht sich doch lächerlich. Wird man nicht von jedem Gauner schamlos ausgenutzt? Und am Ende wird jede sittliche Ordnung untergraben und der Unterschied zwischen Gut und Böse verharmlost; es wird ja sowieso alles verziehen.

Grenzenlose Vergebung – die Wahrheit ist nicht in einem Satz zu sagen. Sie hat hier eine Vorgeschichte (vgl. 18,15–20). Dort wird geregelt, was zu geschehen hat, wenn jemand schuldig geworden ist. Wenn bei allem guten Willen nichts zu machen ist, dann bleibt schließlich nur noch der Ausschluss aus der Gemeinde. Der dient dazu, dass das Gericht in Erinnerung bleibt und die Sünde nicht bagatellisiert wird. – Grenzenlose Vergebung, das ist hier nicht so nebenbei gesagt, das ist ernst gemeint. Sicher, es kann auch zum Ausschluss kommen, wenn nichts mehr zu machen ist. Aber wichtiger als das Herausschmeißen ist das unbegrenzte Vergeben. Jesus bekräftigt das mit einem Gleichnis.

Bezahle!
Ein König rechnet ab mit seinen Leuten. Er trifft auf jemanden, dessen Schuld in die Millionen geht. Der Mann hat sein Leben verspielt. Er weiß das und geht in die Knie. Da ge-

schieht etwas Unbegreifliches: Die Schuld wird gestrichen, einfach so. Königliche Vergebung! Eben ist er wieder draußen, da trifft er einen Kollegen, einen armen Schlucker, dem er ein paar Heller gepumpt hat. Es lohnt sich kaum, dass man darüber spricht. Ein Wort, und die Sache ist aus der Welt geschafft. ‚Es ist gut', hätte er sagen können, er hat es ja gerade selbst gehört, als die Millionenschuld über ihn hereinbrach. Stattdessen kennt er kein Pardon: „Bezahl, was du mir schuldig bist!" (28).

Wie ein Spiegel

Ein Gleichnis. Was will Jesus uns damit sagen? Er hält uns einen Spiegel vor. Wenn wir den Mut haben, hineinzuschauen, werden wir uns selbst darin entdecken. Wir sind die Leute mit der Schuld, die Schuldner. Gott hat sich die Vergebung einiges kosten lassen. Dafür steht das Kreuz. Wir leben von der Vergebung. – Oft genug geht's auch bei uns so weiter wie hier im Gleichnis. Kaum sind wir frei, da vergessen wir, was uns geschenkt ist, und fallen über den anderen her: „Bezahl, was du mir schuldig bist!" (28), auf Heller und Pfennig. Wir treiben die Schulden ein, koste es, was es wolle, nach dem Motto: „Mir schenkt ja auch keiner was." Vergebung? Sicher, man vergibt schon mal, wenn's hochkommt, auch ein zweites, drittes, siebtes Mal. Aber dann ist Schluss. Irgendwo hört's auf. Grenzenlos – das geht zu weit.

Gnade vor Recht

Vielleicht geht das rein menschlich gesehen wirklich zu weit. Jesus ist weiter gegangen, siebzigmal siebenmal ist er weiter gegangen. Und er lädt uns ein, mit ihm zu gehen, diese neue Möglichkeit der grenzenlosen Vergebung zu wagen. Damit ist nicht gesagt: Es ist ja alles gar nicht so schlimm, wir lassen fünf gerade sein. Wenn ein Kind seine Mutter belügt oder ein Mann seine Frau betrügt, dann zerbricht etwas. Dann kann man nicht einfach sagen: Schwamm drüber. Wohl aber kann die Liebe größer sein als das, was zwischen den beiden steht. Das ist Vergebung. Dazu sind wir eingeladen und ermutigt, siebzigmal siebenmal, auch und gerade dann, wenn wir denken: Jetzt reicht's mir aber. Gerade dann sollten wir es noch einmal versuchen, auch wenn es aussichtslos erscheint. Liebende leben von der Vergebung.

Gleiche Güte für alle

25. SONNTAG IM JAHRESKREIS
Schrifttext: Mt 20,1–16

Revolution auf dem Arbeitsmarkt

Sooft wir das Gleichnis von den Arbeitern im Weinberg hören, kommt es uns quer, dem Prediger nicht weniger als den Hörern. Da arbeiten die einen fast den ganzen Tag in der glühenden Sonne; die anderen schaffen gerade mal eine Stunde abends, wenn es kühler geworden ist. Sicher, alle haben gearbeitet, aber die einen mehr als zehnmal so lange wie die anderen. Und dann der gleiche Lohn? Wo bleibt da die Gerechtigkeit? Wir können die protestierenden Ganztagsarbeiter nur zu gut verstehen. Wie die Arbeit, so der Lohn. Gleicher Lohn für gleiche Arbeit. Wo kommen wir hin, wenn der Lohn nicht einigermaßen der Leistung entspricht? Dann steht den Faulenzern Tür und Tor offen. Warum sich anstrengen? Am Ende bekommen ja doch alle dasselbe.

Wir leben in einem Rechtsstaat. Gerechtigkeit ist das Fundament unseres Zusammenlebens – ein hohes Gut! Es wäre ein Segen, wenn sie überall auf der Welt geachtet würde. Und doch: Können wir allein von der Gerechtigkeit leben? Kann unser Leben darin Erfüllung finden? Und unsere Gesellschaft menschlich bleiben?

Mehr als gerecht
Damit das klar ist: Das Recht wird in diesem Gleichnis nicht gebrochen, die Vereinbarungen werden eingehalten: „Mein Freund, dir geschieht kein Unrecht. Hast du nicht einen Denar mit mir vereinbart?" (13). Die Rechtsordnung bleibt gewahrt. Der Weinbergsbesitzer zahlt aus seinem Vermögen, nicht auf Kosten anderer. Er geht nicht über das Recht hinweg, er geht über das Recht hinaus. Er ist mehr als gerecht. Er zahlt nicht weniger, er zahlt mehr, als er müsste, und er lässt sich dieses „Mehr" seiner Güte von niemandem verbieten (vgl. 15). Güte kann nicht eingefordert und gerichtlich eingeklagt werden, genauso wenig wie die Liebe. Darauf gibt es keinen Rechtsanspruch. Sie ist frei geschenkt.

Gottes Lohn
Jesus will mit dem Gleichnis sagen: Gott ist anders. Er gibt nicht nur denen ihren Lohn, die's verdient haben, er schaut auch nach denen, die nicht viel oder nichts verdienen können. Die Güte fragt anders als die Gerechtigkeit. Sie fragt nicht: Was hat er geleistet? Sie fragt: Was braucht er, um leben zu können? Was braucht der Arbeitslose, der Flüchtling? Ich lebe mit Menschen zusammen, die nur sehr eingeschränkt arbeiten können. Viele schaffen keine sieben Stunden am Tag, manche nur zwei oder drei oder eben nur eine. Oder sie können gar nicht arbeiten. Da verstummt die Frage: Was hat er geleistet? Die Frage ist: Was kann man für ihn

tun? Wie kann man ihn fördern? Wir leben nicht nur in einem Rechtsstaat, sondern auch in einem Sozialstaat. Vielleicht spiegelt sich etwas von dem Gleichnis darin wider.

Verdient?

Womit habe ich das verdient? – so fragen wir nicht nur in bösen Tagen, so fragen wir auch dann, wenn uns unverhofft Beglückendes widerfährt. Womit habe ich das verdient? Gemeint ist: Ich habe das gar nicht verdient. Es ist mir zugefallen. Es geht letztlich nicht um das, was wir zu verdienen meinen oder eben nicht, sondern darum, das wahrzunehmen, was uns geschenkt wird, uns überglücklich sein lässt. Es sind Augenblicke von überraschender Güte, in denen Gott erfahrbar wird.

Keiner kommt zu kurz

„Mit dem Himmelreich ist es wie ..." (1). Im Himmel gibt es keine Stufen nach Verdienst: den Himmel erster, zweiter, dritter Klasse. Gleicher Lohn für alle! Das ewige Leben ist für alle gleich. Das müsste sich in der Kirche, die das Reich Gottes auf Erden bezeugen soll, widerspiegeln. Es hat mit unserem Alltag zu tun. Jesus hat unsere alltägliche Welt gleichnisfähig gemacht für das Reich Gottes. Erste und Letzte, Privilegierte und Benachteiligte werden auf eine Stufe gestellt; und das nicht erst, wenn das letzte Kapitel am Ende der Zeit aufgeschlagen ist, sondern schon jetzt. Ihr alle seid Brüder/Schwestern; „... nur einer ist euer Vater, der im Himmel ..., nur einer ist euer Lehrer, Christus" (Mt 23,9f.).

Was meint ihr dazu?
26. SONNTAG IM JAHRESKREIS
Schrifttext: Mt 21,28-32

Leere Versprechen?

Das sind Lippenbekenntnisse, sagen wir. Wenn einer nicht hält, was er verspricht, dem glaubt man nicht. Leere Versprechen kennen wir nicht nur aus Wahlkampfzeiten. Es wird viel geredet und wenig getan. Viele sagen zwar Herr, Herr, tun aber nicht, was der Herr sagt (vgl. Mt 7,21). Es genügt nicht, auf dem Formular „katholisch" anzukreuzen. Es genügt nicht, Ort, Datum und Name darunterzusetzen. Die Frage ist, ob wir auch als Christin oder Christ leben. „Es gibt nichts Gutes, außer man tut es" (Erich Kästner).

So sind wir

Die beiden Söhne hier im Gleichnis sind keine Musterknaben, beide sind inkonsequent. Dem ersten kommt das Ja sehr schnell über die Lippen, aber er folgt ihm nicht. Der zweite zeigt dem Vater zunächst die kalte Schulter. Dann besinnt er sich doch eines Besseren und macht sich auf den Weg in den Weinberg. So sind wir: Zwei Seelen ruhen, ach, in unserer Brust. Wir lassen uns schnell zu einem Ja breitschlagen, etwa wenn ein Nachbar um etwas bittet, und dann tauchen wir ab, ärgern uns über uns selbst, dass wir so schlecht Nein sagen können. Und so sind wir auch: schnell mit einem barschen Nein! Wir weisen die Ansprüche ab, die uns nicht passen. Wenig später tut's uns leid, wir überlegen uns alles nochmal und revidieren unseren Kurs. Konrad Lorenz sagt: „Was gesagt ist, ist noch nicht gehört. Was gehört ist, ist noch nicht verstanden. Was verstanden ist, ist noch nicht getan. Was getan ist, ist noch nicht beibehalten."

Späte Einsicht

Wenn ein Ja durch ein Nein gebrochen wird, ist das etwas anderes, als wenn ein Nein durch ein Ja gebrochen wird. Eine späte Einsicht, der Taten folgen, ist allemal besser als ein vorschnelles Ja ohne Konsequenzen. Mit den schnellen Ja-Sagern hat Jesus die im Blick, die's damals in Israel zu sagen haben: die Hohenpriester und Ältesten des Volkes. Sie sind so von sich selbst überzeugt, dass sie Jesus gar nicht brauchen. Sie haben schon der Ankündigung der Gottesherrschaft durch Johannes den Täufer nicht geglaubt (vgl. 32). Mit den Nein-Sagern hat Jesus die gesellschaftlich Ausgegrenzten („Zöllner und Dirnen", 31) im Auge; mit ihnen setzt er sich an einen Tisch. Den geächteten Sündern und Sünderinnen spricht er das Heil zu, den geachteten Frommen nicht. Wie der Nein-Sager sein Nein bricht, so ändern die Sünder und Sünderinnen ihr Leben: Sie lassen sich auf den ein, der sie von den Hecken und Zäunen gerufen hat, setzen auf ihn ihr Vertrauen. Sie machen sich auf den Weg und gehen in den Weinberg. Was bedeutet das für die Kirche heute? Papst Franziskus bringt es auf den Punkt: „Mir ist eine ‚verbeulte' Kirche, die verletzt und beschmutzt ist, weil sie auf die Straßen hinausgegangen ist, lieber als eine Kirche, die aufgrund ihrer Verschlossenheit und ihrer Bequemlichkeit, sich an die eigenen Sicherheiten zu klammern, krank ist" (Evangelii gaudium 49).

Alltagstauglicher Glaube

Mit welchem der Söhne identifizieren wir uns? Wer sieht sich schon gern als inkonsequenten Ja-Sager oder Kneifer? Wahrscheinlich steckt beides in uns: ‚Ja selbstverständlich! Aber bitte nicht so genau!' Oder: ‚Nein, jetzt passt's wirklich nicht. Selbstverständlich müsste was geschehen, aber doch nicht durch mich. Schick andere vor!' So viel ist klar:

Die Begeisterung allein genügt nicht, es kommt darauf an, in den Weinberg zu gehen und dort harte Arbeit zu leisten. Wer mit frommen Sprüchen sich und anderen die Ohren vollstopft, wer misstrauisch auf der Stelle tritt, der bleibt zurück. Der Glaube vollzieht sich nicht in frommen Randbezirken des Lebens, sondern in alltäglichen Situationen. Rabbi Bumam sagt: „Die größte Schuld des Menschen sind nicht die Sünden, die er begeht, sondern sie besteht darin, dass er in jedem Augenblick die Umkehr tun kann und nicht tut." Also: Soll ich mich tatsächlich auf den Weg machen? Oder belasse ich es beim Ankreuzen des Kästchens „katholisch" auf dem Papier? Das ist die Frage!

Das Ende der Gewalt

27. SONNTAG IM JAHRESKREIS
Schrifttext: Mt 21,33–44

Eine Gewaltspirale

Dieses Gleichnis liest sich wie eine Kriminalgeschichte: unglaublich in der Eskalation brutaler Gewalt. Was ist geschehen? Ein Gutsbesitzer legt einen Weinberg an und verpachtet ihn. Zur Erntezeit schickt er seine Leute aus, um die Pacht einzufordern. Die Winzer verweigern sie und geraten außer Rand und Band: Einen Knecht verprügeln sie, den anderen ermorden und den dritten steinigen sie (vgl. 35). Damit nicht genug. Schlag um Schlag geht es weiter in dieser Gewaltgeschichte. Man denkt unwillkürlich: Ist denn nicht endlich mal Schluss mit den Gräueltaten? Nein! Als der Gutsbesitzer einen neuen Versuch mit einer stärkeren Gruppe seiner Mitarbeiter startet, erhält er die gleiche Abfuhr: Mord und Totschlag! Schließlich riskiert er in seiner unbeschreiblichen Geduld das Leben seines Sohnes. Der läuft ins offene Messer. Die Pächter denken: Ohne den Erben sind wir die Herren des Betriebs, also weg mit ihm! Sie werfen ihn aus dem Weinberg und bringen ihn um (vgl. 38f.). – Wie wird nun der Gutsbesitzer reagieren (vgl. 40)? Für die Hörer ist klar: Er wird den Mördern heimzahlen; irgendwer muss ihnen doch zeigen, dass sie nicht tun können, was sie wollen (vgl. 41). Denken Sie auch so? Dann stecken Sie mittendrin in der Gewaltspirale.

Der Eckstein

Gott denkt anders. Die Gewalt hat nicht das letzte Wort in dieser dunklen Geschichte. Da steckt viel mehr in dem Schriftzitat (42). Es ist nicht ein Anhängsel, sondern die Spitze des Gleichnisses. Der Stein, der von den Bauleuten weggeworfen wird, ist in Wahrheit der Eckstein. Die Botschaft ist klar: Der Sohn und Erbe, den die Pächter aus dem Weinberg geworfen und getötet haben, ist der Hoffnungsträger. Gott hat in Sachen Gewalt eine andere Lösung gefunden als die gängige Logik der Wiedervergeltung. Er sagt auch nicht: „Halb so schlimm, alles wieder gut." Es ist schlimm genug. Jesus hat die menschliche Gewalt am eigenen Leib erlitten und ist ihr Opfer geworden. Man hat ihn hinausgeworfen und gekreuzigt „außerhalb des Lagers" (Hebr 13,12f.). Indem er sich der Gewalt aussetzte, hat er sie überwunden. Gott hat ihn nicht dem Tod überlassen; er hat ihn auferweckt und damit das Leben erschlossen, das den Tod hinter sich hat.

Auf uns gemünzt

Man könnte sich's leicht machen und die Schuld auf Israel damals abschieben: Das Kapitel ist doch längst abgeschlossen. So einfach kommen wir nicht davon. Jesus hat mit dem Gleichnis durchaus auch uns im Auge. Es gibt heute verschiedene Arten, die Botinnen und Boten seiner Botschaft zu beseitigen: Man kann sie mit Gewalt töten (das geschieht leider immer noch in bestimmten Regionen der Erde!). Man kann sie auch bewusst ausgrenzen, sie überhören; man kann sie lächerlich machen; man kann sie in Watte packen, sodass sie allmählich ersticken. Doch die Botschaft ist nicht totzukriegen.

Pächter, nicht Eigentümer

Das Kapitel ist noch lange nicht erledigt. Sind wir, die neuen Pächter des Weinbergs, nicht längst Besitzer geworden? Sind wir nicht infiziert von der verbreiteten Meinung: ‚Mein Leben gehört mir; ich mach' damit, was ich will?!' Die ökologischen Folgen des „Uns gehört die Welt" liegen auf der Hand, denken Sie nur an die Klimakatastrophe. Wir können uns nicht mit einem „Nach uns die Sintflut" aus dem Staub machen. Wir sind nicht die Besitzer dieser Erde, der Blick auf die kommenden Generationen kann uns dafür die Augen öffnen. Es ist ein grundsätzlich anderes Lebensverständnis, ob wir uns als Eigentümer der Erde verstehen oder sie im Glauben an Gott als Schöpfung erkennen, in der wir als Pächter arbeiten.

Glaubensbesitzer?

Wir nennen uns Christen und verstehen uns als Gläubige. Sind wir damit Besitzer des Glaubens? Dann nehmen wir ihn am Ende selbst in die Hand. Wir wissen schon, wie das geht und zu gehen hat. Wir machen das schon ... Im Grunde brauchen wir Gott gar nicht mehr. Das ist Unglaube. Pächter sind wir, nicht Besitzer eines Erbhofs. Wie können wir die Kirche so gestalten, dass sie Gott nicht im Wege steht, sondern transparent werden lässt? Da geht's um die Früchte, auf die das Gleichnis dreimal hinweist (34.41.43).

Früchte des Glaubens sind nicht zuletzt Menschen, deren Augen für Gott geöffnet werden, deren Leben dem Reich Gottes gehört. Wächst in der Kirche etwas für andere?

Eingeladen

28. SONNTAG IM JAHRESKREIS
Schrifttext: Mt 22,1–14; Jes 25,6–10

Gäste des Königs

Einladen oder vorladen, das ist die Frage. Die Botschaft Jesu ist eindeutig: Wir sind eingeladen! „Mit dem Himmelreich ist es wie mit einem König, der die Hochzeit seines Sohnes vorbereitete" (2). Gott als königlicher Gastgeber! Er lädt uns ein, er lädt uns nicht vor. Es geht zur Hochzeitstafel, nicht zum Gerichtsvollzieher. Jesaja malt das Festmahl in leuchtenden Farben aus, sodass einem das Wasser im Mund zusammenläuft: feinste Speisen, erlesene Weine für alle. Wer da keinen Appetit bekommt …

Nein danke

Der König sendet seine Boten zunächst zu den geladenen Gästen. Die wissen bereits, dass das große Fest bevorsteht. Es muss ihnen nur noch mitgeteilt werden: Jetzt ist es so weit! Sie reagieren völlig unverständlich, sie lehnen ab. Hatten sie Wichtigeres zu tun? Keine Zeit? Hatten sie nicht gemerkt, dass hier alles auf dem Spiel steht? Auch als die Boten noch einmal an ihre Tür klopfen und ihnen eindringlich zu verstehen geben: Das Essen steht auf dem Tisch, „kommt zur Hochzeit" (Mt 22,4), zeigen sie ihnen die kalte Schulter. Sie wollen einfach nicht und werden sogar aggressiv, misshandeln die Boten und töten sie. Deutlich steht hier das Gottesvolk des Alten Bundes im Hintergrund des Gleichnisses. Vor allem seine Führer, die ja zu Beginn des Gleichnisses ausdrücklich angesprochen werden, haben die Einladung ignoriert. „Sie wollten nicht kommen" (3), heißt es kurz und bündig. Der Gegensatz zwischen dem königlichen Gastgeber und den selbstzufriedenen Gästen ist offenkundig: „Sie waren es nicht wert, eingeladen zu werden" (8). Sie haben sich selber ausgeschlossen.

Stammgäste?
Geht's hier nur um damalige Ereignisse, die wir zur Kenntnis nehmen, die schließlich noch (nicht selten ist das geschehen) antisemitische Affekte wachrufen? Können wir uns zurücklehnen und sagen: ‚Das Volk des Alten Bundes hat eben versagt!'? So einfach kommen wir nicht davon. Wie es im Gleichnis geschildert ist, kann es auch uns treffen. Wir, die wir uns als Stammgäste fühlen und beinahe schon die ersten Plätze an der Königstafel unter uns verteilen, können den Ruf verfehlen. Staunen wir noch über diese einmalige Einladung? Sie ist uns im Laufe unseres Lebens über die frohe Botschaft und die Sakramente wie selbstverständlich in den Schoß gelegt. Ob wir sie nicht gerade deshalb verpassen können? Das Gleichnis gibt zu denken.

Keine geschlossene Gesellschaft
So viele der Erstgeladenen auch absagen, das Mahl fällt darum nicht ins Wasser, es findet auf jeden Fall statt. Es steht und fällt nicht mit den Stammgästen. Wo die Hüter der Tradition satt und zufrieden sich selbst genügen, lädt der König andere an seinen Tisch. Er schickt seine Boten „auf die Straßen" (9). Er holt alle herbei, Leute, die nichts sind und nichts haben, Böse und Gute. Gottes Ruf kommt auch zu den Menschen, die festgefahren sind und gar nicht mehr mit

ihm rechnen, die ihn und vielleicht auch sich selbst längst abgeschrieben haben, die denken: Mich will er bestimmt nicht. Er ruft auch sie, gerade sie. Sein Fest ist nicht exklusiv, alle haben Zutritt. – Ist die Kirche, sind wir Boten dieses Königs? Er will keine geschlossene Gesellschaft.

Kein Happy End
Das Gleichnis nimmt ein ärgerliches Ende. Einer der Gäste wird wieder vor die Tür gesetzt, weil er kein hochzeitliches Kleid trägt. Er war von der Straße gekommen, wie er war – so war's gedacht. Aber er wollte auch so bleiben, wie er war, er hing an seinem alten Kleid. Das wird ihm zum Gericht: „Werft ihn hinaus in die äußerste Finsternis!" (13). Das ist hart. Wir sind doch endlich alle Gerichts- und Höllenängste losgeworden. – Die Botschaft Jesu verbietet uns, von vornherein mit einer Versöhnung für alle und für alles zu rechnen, was wir tun und unterlassen. Das Gericht Gottes bleibt uns nicht erspart. Man kann die Einladung zum großen Festmahl verpassen, man kann das Ziel seines Lebens verfehlen.

Kirche und Staat

29. SONNTAG IM JAHRESKREIS
Schrifttext: Mt 22,15–21

Eine wechselvolle Geschichte
„Ist es erlaubt, dem Kaiser Steuern zu zahlen, oder nicht?" (17). Die Frage hat's in sich, auch nach 2000 Jahren. Die Antwort Jesu hat Geschichte gemacht. In den ersten drei Jahrhunderten haben sich die Christen an seine Weisung gehalten. Sie waren loyale Staatsbürger, haben dem Kaiser

gegeben, was ihm zusteht, aber sie haben ihm verweigert, was allein Gott gebührt. Als der Kaiser sich wie Gott verehren ließ, da sagten sie Nein und haben das mit ihrem Leben bezahlt. Die Märtyrer bezeugen, dass dem Kaiser nicht zukommt, was allein Gott zusteht. – Mit der sogenannten Konstantinischen Wende (313) wurde der christliche Glaube Staatsreligion. Das führte schließlich zur Reichskirche, zu Fürstbischöfen, zu Kirchenstaat und Staatskirche. All diese Begriffe sprechen für sich. Sie fassen in einem Wort zusammen, was nach Jesu Willen zu trennen ist: „Gebt dem Kaiser, was dem Kaiser gehört, und Gott, was Gott gehört!" (21). Am Ende einer leidvollen Geschichte (Säkularisation 1803) steht die Einsicht: Es ist gut, dass die Kirche von politischer Herrschaft frei ist. Sie kann und darf nicht Machthaber sein, sie soll Gewissen sein.

Die Münze
„Zeigt mir die Münze, mit der ihr Steuern bezahlt!" (19), sagt Jesus. Die Heuchler, die ihn hereinlegen wollen, müssen in die eigene Tasche greifen und ein Stück Geld herausziehen. Was steht da drauf? Das Bild des Kaisers. Das ist vielerorts auf der Welt bis heute noch so, dass der Kopf eines Politikers auf die Münze geprägt wird. Gebt ihm, was ihr zu geben verpflichtet seid, sagt Jesus, Steuern und all das, was nötig ist, damit der Staat gestaltet werden kann. „Gebt dem Kaiser, was dem Kaiser gehört" (21). Die Münze trägt sein Bild, also gehört sie ihm.

Und wir?
Wem gehören wir? Doch wohl nicht dem Kaiser, dem Staat. Wir sind geprägt wie eine lebendige Münze. Wir tragen das Bild Gottes. Diese Prägung fordert uns mehr als das Siegel des Kaisers. Alle Menschen tragen das Bild Gottes in sich,

alle gehören ihm. Und deswegen sind wir alle verpflichtet, Gott zu geben, „was Gott gehört!" (21). Was wir Gott zu geben haben, können wir nicht wie ein Geldstück aus der Tasche ziehen. Das sind wir selber, so wie wir sind mit Leib und Seele. Wir gehören keiner Macht dieser Welt, sondern allein Gott.

Die rote Linie für den Kaiser

Man darf nicht dem Kaiser geben, was Gottes ist. Es gibt etwas, das dem Kaiser nicht zusteht, sondern allein Gott. Wenn das, was ihm gebührt, dem Kaiser gegeben wird, hat das schlimme Folgen. Der Staat und die Politik entarten, wenn sie sich mit einem religiösen Nimbus umgeben. Sobald sie sich absolut setzen, verfallen sie dem Gotteskomplex. Sie beanspruchen das Ganze (totum) und werden totalitär. Dass Aufklärung und Fortschritt nicht vor solchen Entartungen bewahren, haben wir im vergangenen Jahrhundert bitter erfahren. Die politischen Ideologien der Neuzeit sind erklärtermaßen gegen die Religion angetreten und haben dann selbst sehr schnell religiöse Züge angenommen. Eine Zeit, in der der Glaube schwächelt, ist umso anfälliger für alte und neue Ideologien. „Gebt ... Gott, was Gott gehört!" (21).

Heilsame Trennung

Wenn ich Gott gebe, was ihm gehört, dann wird mir auch klar, was dem Kaiser zusteht. Die Politik hat ihre eigenen Gesetzmäßigkeiten. Die werden durch den Glauben nicht außer Kraft gesetzt. Die Kirche hat politische Vernunft und Kompetenz zu achten. Sie soll nicht selbst Politik treiben, sondern Gottes Weisung wachhalten. Sie ist keine politische Partei und darf auch nicht Parteipolitik betreiben. „Gebt dem Kaiser, was dem Kaiser gehört!" (21). Die Trennung von Staat und Kirche ist heilsam. Sie lebt davon, dass beide aufeinander bezogen bleiben. Sind sie in ihrer je eigenen Zuständigkeit und Verantwortung klar voneinander getrennt, dann können sie umso eigenständiger miteinander ins Gespräch kommen und zum Wohl der Menschen kooperieren. Glaube und öffentliches Leben sind nicht auf ganz verschiedenen Sternen angesiedelt. Die Kirche ist für die Welt da. Sie sollte Christen zu öffentlicher Verantwortung ermutigen!

Das Wichtigste

30. SONNTAG IM JAHRESKREIS
Schrifttext: Mt 22,34–40

Auf einem Bein
Aus dem Judentum zur Zeit Jesu ist überliefert, dass ein Heide den berühmten Rabbi Schammai aufsucht und ihn fragt: „Worauf kommt es im jüdischen Glauben an? Wenn du mir das sagst in der Zeit, in der ich auf einem Bein stehen kann, dann werde ich Jude." Der Rabbi überdenkt die fünf Bücher Mose und die Propheten, dazu alles, was in der Tradition ausgeführt ist, und er muss passen: „Das ist in so kurzer Zeit nicht zu vermitteln." Der Heide lässt sich nicht entmutigen. Er geht zur Konkurrenz, zum Rabbi Hillel, und stellt ihm dieselbe Frage. Der antwortet: „Was dir selbst widerwärtig ist, das tue auch deinem Nächsten nicht an." Wenig später wird Jesus vor eine ähnliche Aufgabe gestellt. Ein Gesetzeslehrer fragt ihn: „Meister, welches Gebot im Gesetz ist das wichtigste?" (36). Und er antwortet kurz und bündig mit dem Gebot der Gottes- und Nächstenliebe (37–39).

Ganz

Im Kreis Jugendlicher, die sich auf die Firmung vorbereiten, frage ich: „Worauf kommt's an im Christentum?" Die einhellige Antwort: „Auf die Nächstenliebe." „Ist das alles?", frage ich weiter. Schweigen! Ich habe kaum erlebt, dass jemand die Gottesliebe genannt hätte. Christsein bedeutet für die allermeisten Zeitgenossen Nächstenliebe, dann hört's auf. Für Jesus nicht! Für ihn fängt's an mit der ausdrücklichen Weisung: „Du sollst den Herrn, deinen Gott, lieben ..." (37), das ist „das wichtigste und erste Gebot" (38). Mancher wird denken: Gott begegnen wir im Nächsten, wo denn sonst? Also ist den Nächsten lieben und Gott lieben eins. Für Jesus nicht. Er spricht von zweien: Gott ist Gott, und der Mensch ist Mensch. Die Beziehung zu Gott geht nicht in der Beziehung zum Mitmenschen auf. – Gott lieben „mit ganzem Herzen, mit ganzer Seele und mit all deinen Gedanken" (37), also nicht nur mit den Resten an Interesse und Zeit, nicht nur mit dem, was übrig bleibt, wenn sonst alles getan ist. Der ganze Einsatz ist gefragt.

Von Gott geliebt

Gott lieben, das hat eine unabdingbare Voraussetzung: sich von Gott lieben zu lassen. Der Grundsatz des christlichen Glaubens lautet: „Amor, ergo sum!", ich bin (von Gott) geliebt, darum bin ich. Ahnen Sie, worum's geht? Menschen, die sich lieben, können sich fragen: Wie kommt das eigentlich, dass wir einander vertrauen und lieben? Das ist nicht selbstverständlich. Es lässt sich nicht machen, nicht mit Geld und guten Worten. Es lässt sich auch nicht erzwingen, weder per Gericht noch mit Gewalt. Es ist Geschenk, Gnade. Der eine ist mit dem anderen beschenkt. Wer Liebe erfährt, der gelangt an ihre Quelle: „Von wem anders als von Gott ist der erfüllt, der von Liebe erfüllt ist" (Augustinus).

Lockrufe

Die Liebe zu Gott ist unsere Antwort auf seine Liebe zu uns. Gott lieben, das ist nicht völlig anders, als wenn Menschen sich verlieben. Man muss sich treffen, Gelegenheiten suchen, um zusammen zu sein und mit ihm zu sprechen (Gebet, Gottesdienst), ihm begegnen im Wort der Heiligen Schrift. Man muss auf Zeichen achten, die er uns gibt, auf seine Stimme in uns. Wer kennt nicht die innere Stimme, die ihm sagt: Das ist jetzt dran, das solltest du tun. Folgen wir diesen Lockrufen Gottes? Wenn wir anfangen zu tun, was wir als seinen Willen erkannt haben, fangen wir an, ihn zu lieben. Wenn wir die lieben, die ihm besonders am Herzen liegen, die Armen, dann lieben wir Gott.

Ausgehängt?

Jesus schärft nicht nur den Sinn für die Gottesliebe. „Ebenso wichtig ist das Zweite: Du sollst deinen Nächsten lieben wie dich selbst" (39). Wir konzentrieren uns hier nicht ohne Grund auf das „wichtigste und erste Gebot" (38). Wem immer an der Nächstenliebe gelegen ist, der darf die Gottesliebe nicht vergessen. „An diesen beiden Geboten hängt das ganze Gesetz samt den Propheten" (40). Sie hängen daran wie an Dreh- und Angelpunkten. Das ist (vom griechischen Urtext her) ein Bildwort. Eine Tür hängt an zwei Angeln, sonst läuft sie nicht. Ob das Tor zum christlichen Glauben heute oft schief hängt, weil es an der tragenden unteren Angel, der Gottesliebe, ausgehängt ist? – Worum dreht sich's im Christentum? Die Antwort Jesu ist eindeutig: um das Gebot der Gottes- und Nächstenliebe.

Ihr nicht!

31. SONNTAG IM JAHRESKREIS
Schrifttext: Mt 23,1–12

Hochwürden?
Das Evangelium bringt uns in Verlegenheit. Es stellt die herkömmlichen Autoritätsstrukturen gründlich in Frage. Wenn wir die kirchliche Titelei und ihre ausgetüftelten hierarchischen Stufen und Ränge an Jesu Weisung messen – es liegen Welten dazwischen. Von den Schriftgelehrten und Pharisäern sagt Jesus: „Sie machen ihre Gebetsriemen breit und die Quasten an ihren Gewändern lang" und lassen sich gern öffentlich hofieren (5–7). An ihre Stelle sollen nicht neue Herren treten, die sich mit etwas anderen Gebetsriemen und Quasten schmücken und sich „Hochwürden" nennen lassen. Es ergeht vielmehr die klare Weisung an die Jünger: ihr nicht. Das Amt soll in der Kirche anders aussehen als in der Welt. Das hat seine Gründe. Die werden hier deutlich genannt.

„Nur einer ist euer Vater ..."
Jesus geht es zuerst und zuletzt um Gott, um Gottes Herrschaft. Die hat er gegenüber allen menschlichen Autoritäten unnachgiebig zur Geltung gebracht. Gott ist durch nichts und niemanden zu ersetzen oder zu vertreten: „Nur einer ist euer Vater ..." (9). Das ist die einzig gültige Hierarchie. Sie wird verdunkelt, wo Menschen über Menschen herrschen. Wie soll man da noch erkennen, dass nur einer Herr ist: Gott! Wenn wir uns selbst als Herrgötter gebärden, dann denken alle: das übliche Gerangel, so ist's halt in der Welt. Dann kann niemand mehr erkennen, wer denn eigentlich Herr im Hause ist. Die Menschen sollen bei uns merken:

Denen geht's tatsächlich um Gott. Alle Autoritäten in der Kirche haben nur so viel Sinn, wie sie auf die letzte Autorität hinweisen, auf Gott.

„Ihr alle seid Brüder ..."

„Nur einer ist euer Meister ..." (8). Das geht dem Wort von der Bruderschaft voraus. Das ist *vor* allem zu sagen. Geschwisterlichkeit kann nur gelingen, wenn Christus unser Meister ist. Sie ist kein Programm, sondern ein Geschenk (indikativisch: ihr seid ..., nicht imperativisch, appellativ!). Sie ist Gabe dessen, der unser aller Bruder geworden ist. Er, der Meister Jesus Christus, lädt uns ein in die Geschwisterschaft derer, die Gott als ihren Vater bekennen. Diese in der Taufe besiegelte Basisberufung verbindet alle Christinnen und Christen miteinander. Wer immer wir sein mögen in der Ordnung der Kirche, wir sind und bleiben Getaufte, und das ist allemal das Wichtigste. Die Kirche als Gemeinschaft von Geschwistern. Das hat Geschichte gemacht. Denken Sie an

- die Aufhebung der nationalen Grenzen: Da gibt es „nicht mehr Juden und Griechen ...";
- die Aufhebung der sozialen Schranken: „... nicht Sklaven und Freie, nicht Mann und Frau" (Gal 3,28);
- die Relativierung der Familienbande (es zählt nicht mehr Vererbung, nicht Clan noch Kaste oder Rasse).

Man kann die anderen Menschen auf Dauer wohl kaum als Schwestern und Brüder achten, wenn man den Vater verschweigt oder leugnet. Wenn der Glaube schwindet, kommen die eingefleischten Urmuster wieder durch (Nationalismen, Clan-Denken und soziale Abgrenzungen).

Wie Geschwister
Eine Kirche mit von der Welt übernommenen Herrschaftsstrukturen steht im Widerspruch zum Evangelium. Das soll man nicht fromm verschleiern. Die Orden haben noch am ehesten versucht, dem Anspruch des Evangeliums zu folgen. Welche Konsequenz können die Worte Jesu für die Kirche haben? Synodale Strukturen entsprechen der Geschwisterlichkeit weit mehr als monarchische. Sie bedeuten: Nicht nur die Amtsträger haben das Sagen. Da alle Töchter und Söhne des einen Vaters sind, können auch alle in den Angelegenheiten der Familie Gottes mitreden und ihre Meinung, Erfahrung und Kritik einbringen. Das ist ihr gutes Recht. Die Kirche von morgen wird eine geschwisterliche Kirche sein.

Die Mitte der Nacht ist der Anfang des Tages

32. SONNTAG IM JAHRESKREIS
Schrifttext: Mt 25,1–13

Die Nacht ist uns Christen heilig. In der Heiligen Nacht wird Jesus geboren, in der Osternacht durchbricht er die Macht des Todes und ersteht zu neuem Leben; und hier im Gleichnis von den klugen und törichten Jungfrauen kommt der Bräutigam „mitten in der Nacht" (6). Es geht darum, auf der Hut zu sein und seine Ankunft nicht zu verschlafen. Was heißt das konkret?

Nicht Nachlassverwalter, sondern Wegbereiter
Wenn wir auf unsere gegenwärtige kirchliche Situation schauen, springt beherrschend ins Auge, was alles weniger wird. Wir messen uns an der Vergangenheit und fragen:

‚Wie viele sind wir denn noch? Wie können wir dafür sorgen, dass dieses oder jenes so bleibt, wie es immer war?' Das ist nicht die Blickrichtung des Gleichnisses. Es schaut mitten in der Nacht nach vorn auf das Kommen des Herrn: „Geht ihm entgegen!" (6). Die Zukunft, die er uns eröffnet, ist größer als die Vergangenheit unserer Traditionen. Wir sind nicht Nachlassverwalter einer großen Geschichte, sondern Wegbereiter einer neuen Gestalt der Kirche. Wir haben keinen Nachruf zu geben, sondern eine Voranzeige. Es geht zur Hochzeit, zum Fest unseres Lebens. Wie sollte unser Herz da nicht höher schlagen!

Nachtwanderung

Die Nacht wird immer dichter, der Herr kommt immer näher. Eine ungeheure Spannung liegt in diesen Sätzen. Man denkt spontan: Die Nacht wird immer dichter, und es sieht immer düsterer aus. Bis zum Tag X wird die Kirchenstatistik auf dem Nullpunkt sein, und der Bräutigam bleibt aus. Weit gefehlt! Die Nacht wird immer dunkler, und er kommt immer näher. Wir brauchen uns vor den Schrecken der Nacht und vor Nachtwanderungen nicht zu fürchten. Die Nacht ist kein Zeichen der Abwesenheit des Bräutigams, er kommt mitten in der Nacht.

Fünf zu fünf

Die Mitternacht ist die Stunde der Wahrheit. Als der Bräutigam kommt, gibt es eine böse Überraschung: Fünf Jungfrauen haben kein Öl, ihre Lampen brennen nicht. – Es gibt noch Schlimmeres, als dass die Ölvorräte der Erde nicht mehr reichen. Die eigentliche Ölkrise besteht darin, dass die Lebensenergie ausgeht, dass der Vorrat an Sinn, an Treue und Liebe erlischt. Und dann erscheint auf einmal ein Schreckgespenst im Raum: Die Tür fällt ins Schloss. Fünf stehen draußen vor der Tür und rufen: „Kyrie, Kyrie, Herr, Herr" (11), wie wir in jeder Eucharistiefeier bitten. Der Ruf verhallt ungehört, wenn er nicht durch das Leben gedeckt ist.

Zu spät

Man kann zu spät kommen – nicht nur zum Zug. Es kann sein, dass einmal alle Züge abgefahren sind. Wer zu spät kommt, den bestraft das Leben. Schlimmer noch: „Amen, ich sage euch: Ich kenne euch nicht" (12). Das ist einer der unheimlichsten Sätze im Evangelium. Wer den Bräutigam prinzipiell ausgeschlossen hat aus seinem Leben, der muss sich nicht wundern, wenn dieser es dabei belässt. Das Evangelium verbietet uns, mit einer Versöhnung für alle zu rechnen und für alles, was wir tun oder unterlassen. Man kann sein Leben verspielen. – Es ist gut, dass wir heute nicht mehr in der Heilsangst früherer Generationen leben. Es ist aber gefährlich zu denken, das Heil sei eine Selbstverständlichkeit. So nicht!

Präsenz ist gefragt

Die fünf törichten Jungfrauen sind nicht zur Stelle, als der Bräutigam kommt. Aus Angst, mit leeren Lampen dazustehen, laufen sie zum Krämer. Sie wollen noch schnell nachholen, was sie versäumt haben. Ob sie nicht auch mit leeren Lampen in den Saal hätten ziehen können? Wenn sie nur beim Kommen des Bräutigams da gewesen wären! Vor jener letzten Tür zum Hochzeitssaal stehen wir ohnehin mit leeren Händen da. Wir können unser Heil nicht selbst schaffen. Das müssen wir auch gar nicht. Wir dürfen es empfangen.

Wenn die Angst regiert

33. SONNTAG IM JAHRESKREIS
Schrifttext: Mt 25,14–30

Vertrauen verpflichtet
Als Gott die Welt erschuf, so erzählt eine rabbinische Geschichte, da überschaute er ihre weitere Entwicklung. Er erkannte, wozu Menschen in ihrer Freiheit fähig sind und was sie anrichten können, und er zögerte: Soll ich das ganze Projekt nicht besser fallen lassen? Schließlich siegte das Vertrauen: Ich wage es. So ist die Welt aus Gottes Vertrauen geboren, sie lebt von seinem Vertrauen. – Das ist das Thema des Gleichnisses von den Talenten. Der Herr (gemeint ist Gott) vertraut seinen Leuten alles an, was er hat, sein ganzes Vermögen. Zwei von ihnen lassen sich auf das mit dem Geld erwiesene Vertrauen ein. Sie machen es ihrem Herrn gleich und riskieren den Einsatz ihrer Talente. Sie setzen alles aufs Spiel und gewinnen alles: „Komm, nimm teil an der Freude deines Herrn!" (21).

Der dritte Mann
Doch da ist nun auch der dritte Mann, die zentrale Figur des Gleichnisses. Fast könnte man sagen: eine tragische Gestalt. Er tut nichts Widerrechtliches. Ein pfarramtliches Gutachten würde ihm bescheinigen: „Es ist nichts Nachteiliges über ihn bekannt geworden." Er verjubelt nicht das Geld seines Herrn. Vielleicht wäre das nicht das Schlimmste gewesen – man denke nur an das Gleichnis vom barmherzigen Vater. Es wäre wohl noch eher die Chance einer Bekehrung geblieben. Aber so?

Ein Krampf

Der dritte Mann will ganz sicher gehen, er hat Angst: „Weil ich Angst hatte, habe ich dein Geld in der Erde versteckt" (25). Er hat Angst, dass die anderen ihn bestehlen – darum gräbt er ein Loch in die Erde. Er hat Angst vor seinem Herrn. Eigenartig: Der Herr hatte seinen Leuten doch alles anvertraut. Und nun phantasiert der Angstbesessene ein Bild von ihm wie das eines rücksichtslosen Ausbeuters. Er versteht ihn einfach nicht. Statt auf sein Vertrauen einzugehen, legt er es als Habgier aus: „Du erntest, wo du nicht gesät hast ..." (24). Der Herr bleibt ihm so fremd wie das Talent, das er von ihm bekommen hat. Äußerlich korrekt hält er sich heraus: „Hier hast du es wieder" (25). Angst steht über seinem Leben, Angst statt Vertrauen. Seine Hand öffnet sich nicht, das Empfangene einzusetzen, sie krampft sich zusammen. So wird alles, was er tut, ein Krampf und verfällt dem Gericht. Wer das Empfangene nur ängstlich verwahrt, der wird es noch verlieren.

Zwischen Hoffnung und Angst

„Freude und Hoffnung, Trauer und Angst der Menschen von heute, besonders der Armen und Bedrängten aller Art, sind auch Freude und Hoffnung, Trauer und Angst der Jünger Christi." Dieser programmatische Satz zu Anfang der Pastoralkonstitution des letzten Konzils spricht offen heraus von unserer Hoffnung und auch von unserer Angst. Die Hoffnung lässt sich auch in schwierigen Zeiten nicht unterkriegen. Sie vertraut darauf, dass Gottes Geist in der Kirche wirkt und uns in allen Umbrüchen und Veränderungen mit seinen Gaben inspiriert. Niemand hat eine sichere Garantie für den nächsten Schritt ins Neuland, und doch muss er getan werden. Das ist mit Unsicherheit und oft genug auch mit Angst verbunden. Sind wir deshalb bisweilen so wenig beweglich und einladend, weil uns die nicht eingestandene Angst vor Veränderungen lähmt? Weil wir ängstlich unsere Tradition hüten und bewahren und zur Sicherung unseres Erbes Löcher in die Erde graben?

Vertrauen wagen
Angst ist nur durch Vertrauen zu überwinden, Vertrauen in den, der auch diese von Krisen geschüttelte Welt- und Kirchenstunde in seinen Händen hält. Krisenzeiten sind immer auch Chancen, das Evangelium in seiner befreienden Kraft neu zu entdecken und es offensiv in unsere Gesellschaft einzubringen. Wer das ihm übertragene Talent vergräbt, der gräbt sein eigenes Grab. Der ist ein „tüchtiger und treuer Diener" (21), der die empfangene Gabe einsetzt im Vertrauen, dass sie sich bewährt. „Worauf Gott seine Hoffnung setzt, das wage ich!" (Mechthild von Magdeburg).

Das Weltgericht
CHRISTKÖNIGSSONNTAG
Schrifttext: Mt 25,31–46

Voll Spannung
Wie soll man das zusammenbringen:
- das große Weltgericht – und die Geringsten unter den Menschen;
- der majestätische Weltenrichter – und die nackten Habenichtse;
- das ewige Heil oder Unheil – und das alltägliche Handeln?

Der König und Weltenrichter ist in einer Doppelrolle. Er sitzt nicht nur auf seinem hohen Thron, er ist tief unten bei denen, die am Boden liegen. Die sind, sagt er, „meine Brüder" und Schwestern. Er identifiziert sich mit ihnen: Was ihr einem von ihnen getan habt, „das habt ihr mir getan" (40). Er hat die Option für die Armen getroffen. Er solidarisiert sich nicht nur mit ihnen, er ist einer von ihnen.

Kein Scharfrichter

Das Gleichnis vom Weltgericht steht im Evangelium unmittelbar vor der Passion; es deutet an, was Jesus dort widerfährt. Er selbst ist der Hungrige, Durstige, Obdachlose, Nackte, Geschundene und Gefangene, einer von den letzten Menschen. Er liegt uns quer, wenn wir unseren Weg gehen zwischen Jerusalem und Jericho und über ihn stolpern oder ihm ausweichen wie der Priester und Levit. Er schaut uns an, von ganz unten; er sucht unsere Augen. Halten wir seinem Blick stand?

Der Weltenrichter ist nicht als Scharfrichter unterwegs, er begegnet uns inkognito in Gestalt der „geringsten Brüder" (40) und Schwestern. Im Kreuz vollzieht sich das Gericht. Der Richter droht nicht, aber er macht ernst, blutig ernst – mit der Liebe. Sie richtet uns.

Unverwechselbar christlich

Was ist denn daran das unverwechselbar Christliche? Was unterscheidet den christlichen Glauben von reiner Mitmenschlichkeit? Unsere Antworten auf solche Fragen wirken oft gequält. Das Gleichnis vom Weltgericht sagt kurz und bündig: Du findest Christus in denen, die heruntergekommen sind und denen niemand hilft, wieder auf die Beine zu kommen. Die Nähe zu den Hilfsbedürftigen bringt dir Christus nahe. Christlicher geht's nicht. Das Reden von

Christus-Freundschaft und Christus-Liebe wird geerdet. Hast du Freunde unter den Armen? Da sind nicht nur Armutsberichte und Hilfsprogramme gefragt. Die haben ihre Bedeutung und sind nicht von der Hand zu weisen. Doch hier geht es ganz elementar um die Begegnung mit den Armen vor Ort. Wir sollen nicht warten, bis sie kommen, sondern sie aufspüren und aufsuchen.

Vor der Kirchentür
Man wird oft den Eindruck nicht los, der christliche Glaube spiele sich vornehmlich im Kopf ab, finde seinen Ausdruck vor allem in Worten und Lehrsätzen und in der Liturgie. So wichtig das ist, es kann nicht alles sein. In der Begegnung mit den „geringsten Brüdern" und Schwestern ereignet sich das Sakrament des Bruders und der Schwester, es wird vor der Kirchentür gespendet, sagt Urs von Balthasar. Diese Christusbegegnung ist der Gottesdienst im Alltag der Welt.

Was heute dran ist
Gerade für den Evangelisten Matthäus liegen Glaube und Handeln ganz nahe beieinander. Der Einsatz für die Armen ist nicht Vorfeldarbeit, er steht in der Mitte des Evangeliums. Man kann das Bekenntnis zu Jesus Christus nicht separat in Gedanken erledigen, um sich dann schließlich auch noch der Frage zuzuwenden, was das Ganze mit dem Dienst an den Armen zu tun hat. Indem wir uns um sie kümmern, erfahren wir, wer Christus ist. – Oft fragen wir: Was ist heute dran? Auf jeden Fall die Christus-Begegnung im Alltag der Welt, etwa in Gestalt der Flüchtlinge. Unterwegs zu den Armen laufen die Füße in die richtige Richtung.

FESTE

Aus Liebe zur Welt

DREIFALTIGKEITSSONNTAG
Schrifttext: Joh 3,16–18

„Gott hat die Welt so sehr geliebt ..." (16). Lieben Sie die Welt? „Seid umschlungen, Millionen, diesen Kuss der ganzen Welt" – Friedrich Schiller in Ehren, aber das ist doch Schwärmerei. Leben wir nicht vielmehr in einer verrückten Welt?

Spurensuche
„Gott hat die Welt so sehr geliebt ..." (16). Ausgangspunkt der „Weltanschauung" Gottes ist seine Liebe. Der Gott, an den wir glauben, ist ein liebender Gott. Was er an der Welt vor allem liebt, sind wir, seine Söhne und Töchter; nicht, weil er uns besonders attraktiv findet, sondern weil wir sind, wie wir sind. Es geht um diese Welt, um diese Menschen mit ihren Licht- und Schattenseiten. Gott hat dieser Welt sein Ja-Wort gegeben. Das kann durch kein Nein durchgestrichen werden. „Gott liebt diese Welt ..." (vgl. Gotteslob 464). Er hat seine Geschichte mit der Welt und mit uns Menschen. Es ist die Geschichte einer großen Liebe. Die hat Spuren hinterlassen. Unsere Aufgabe ist es, sie aufzuspüren. Ob wir unsere Lebensgeschichte lesen lernen als die Geschichte der Liebe Gottes? Lieben heißt: Ich kann nicht ohne dich leben. Wer liebt, verbindet die eigene Zukunft mit der Zukunft des anderen.

Der Preis der Liebe
Wie alle Liebesgeschichten ist die Geschichte Gottes mit der Welt eine Geschichte mit Herz und Schmerz: Gott hat „seinen einzigen Sohn hingegeben ..." (16). Gott liebt diese Welt so sehr, dass er ihr das größte nur denkbare Geschenk

macht: seinen einzigen Sohn. Der Preis seiner Liebe ist hoch. Er wurde auf Golgota gezahlt. Liebe kann wehtun. Die Welt hat alles getan, um Jesus aus der Welt zu schaffen. Er dagegen hat für sie alles gegeben: sein Leben. Er war nicht darauf aus, seinen eigenen Kopf zu retten, sondern unseren. Dass Liebe Kopf und Kragen kosten kann, indem sie sich mit Haut und Haaren auf den anderen einlässt, ist für viele eine Dummheit. Für Jesus ist das die Wahrheit seines Lebens.

Nicht zu retten?
Gott hat seinen Sohn in die Welt gesandt, „damit die Welt durch ihn gerettet wird" (17). Ich will gar nicht all die Konflikte und Katastrophen ansprechen, die uns den Glauben an die Rettung der Welt schwer machen. Jede Nachrichtensendung stellt sie uns vor Augen. Wo führt das nur hin? Die Welt scheint aus den Fugen zu geraten. Nicht wenige sagen: Sie ist nicht mehr zu retten! – Vieles spricht dafür. Eins spricht dagegen: der Heilswille Gottes. Er hat größeres Gewicht als alles Unheil in der Welt. Hält dieser Heilswille, was er verspricht? Was gibt uns den Mut zu glauben, dass die Welt und wir Menschen in ihr gerettet sind? Gott hat ein Herz für die Welt. Dieses Herz hat einen Namen: Jesus Christus! Er ist der Retter der Welt.

Der Liebe Gottes glauben
Wohlgemerkt: Gott will die Welt retten, nicht nur die, die sich erkennbar zu ihm bekennen, sondern auch die Zögernden und Zweifelnden, alle die, die nichts von ihm wissen oder wissen wollen. Es geht um die Welt, um uns Menschen in ihr. Gott liebt diese Welt. Christ ist, wer dieser Liebe Gottes zur Welt glauben kann. Wer sich geliebt weiß, sieht die Welt und das Leben mit anderen Augen; er lebt mit guten

Erwartungen und Hoffnungen, ist dankbar und kann überglücklich sein.

„Gott hat die Welt so sehr geliebt ...", das ist Gottes Weltbild. Die Welt soll nicht zum Teufel gehen oder zum Tod, sondern zum Leben, zum neuen Leben, das mit Jesus seinen Anfang genommen hat.

Aus der Deckung gehen

ALLERHEILIGEN
Schrifttext: 1 Joh 3,1–3

Avanti!
Georges Bernanos erzählt in seiner „Predigt eines Atheisten am Fest der heiligen Theresia" von italienischen Soldaten, die im Schützengraben auf das Signal zum Angriff warten. Plötzlich reißt der Oberst sein Gewehr hoch, springt über die Brüstung und stürmt nach vorn mit dem Ruf: Avanti! Avanti!, während seine Leute in sicherer Deckung bleiben und – elektrisiert von so viel Heldenmut – mit leuchtenden Augen in die Hände klatschen: Bravo! Bravo! Bravissimo!

Ist das nicht mit unserer Haltung den Heiligen gegenüber ähnlich? Wir feiern ihre Feste und unsere Namenstage. Wir bewundern ihr Leben und vergessen dabei, selbst ans Werk zu gehen. Und darum geht es: „Jeder, der dies (von Gott) erhofft, heiligt sich ..." (3). Heiligkeit ist jedermanns Sache.

Spezialaufgabe?
Jedermanns Sache? Ist das nicht reichlich überzogen? Heilige? Wir stellen uns die Figuren und Bilder in unseren Kirchen vor. Wir erinnern uns an Erzählungen über außergewöhnliche Menschen. Heiligkeit, das kann doch allenfalls

eine christliche Spezialaufgabe sein. So denken wir. Gott denkt anders. Und er hat alles getan, um seinen Plan durchzusetzen: „Seht, wie groß die Liebe ist, die der Vater uns geschenkt hat: Wir heißen Kinder Gottes und wir sind es" (1). Die Liebe des Vaters, das ist Jesus Christus. In ihm sind wir geheiligt. Gott hat sich selbst aufs Spiel gesetzt, er hat seinen Sohn hingegeben, um unser Heil zu wirken. Vor unserer Entscheidung für Gott steht Gottes Entscheidung für uns.

Mangel an Leidenschaft

Damit sind wir nun am Zuge: „Jeder, der dies (von Gott) erhofft, heiligt sich ..." (3). Was bedeutet das? Heiligkeit hat etwas mit Heil zu tun. Heilige sind Menschen, die ganz sind, nicht zwiespältig, mal so, mal so, so reden und so handeln, sondern ganz im Sinne von ungeteilt, konsequent, die sich ganz auf Gott stellen in ihrem Glauben und Leben. Da genau liegt unser Problem. Nichts kennzeichnet uns mehr als der Mangel an Leidenschaft. Wir finden immer einen Grund zum faulen Kompromiss. Unser Elan ist schnell erloschen. Wo uns jemand mit seiner Entschiedenheit und Konsequenz auf den Leib rückt, verdrängen wir ihn, sagen wir: Der ist überspannt, ein Hundertfünfzigprozentiger. Wir haben immer eine Ausrede, um ja nicht radikal zu sein. Reden und Tun, Theorie und Praxis fallen auseinander. Theoretisch ist in der Kirche vieles klar: Kirche der Armen, dienende Kirche. Machen wir ernst damit? Papst Franziskus geht voran. Folgen wir ihm oder klatschen wir nur Beifall aus sicherer Deckung?

Menschen dieser Erde

Die Heiligen des Himmels waren Menschen dieser Erde, und die Menschen dieser Erde sollen Heilige des Himmels werden. Allerheiligen sagt uns: Das ist keine Utopie, es kann gelingen, dass Menschen wie wir das erreichen, was Gott sich gedacht hatte, als er uns ins Leben rief. Das hat die Kirche zuerst von Maria, der Mutter Jesu bekannt, dann von denen, die für ihren Glauben gestorben sind (den Märtyrern), schließlich auch von anderen Menschen, deren Leben dem Evangelium besonders nahekam. Viele hat die Kirche im Laufe der Jahrhunderte für heilig erklärt. Das Fest Allerheiligen gilt vor allem denen, die heilig sind, ohne von der Kirche heiliggesprochen zu sein. Es verbindet uns mit der bunten Schar derer, die vor uns geglaubt und die schließlich die Bruchstücke ihres Lebens ganz Gott in die Hände gelegt haben.

Was braucht die Kirche heute am notwendigsten? Priester und Ordensleute, sagen die einen; verantwortungsbewusste Laien, sagen die anderen. Was sie vor allem braucht? Heilige!

Totengedenken
ZU ALLERSEELEN

Anonym
„Verweigerte Erinnerung ist Mord", sagt ein jüdisches Sprichwort. Es scheint, dass unsere Gesellschaft in weiten Kreisen diesem Morden verfallen ist. Der Trend geht dahin, den Namen der Toten gerade nicht in Erinnerung zu halten, sondern ihn auszulöschen. „Anonymes Begräbnis" nennt man das. In den Großstädten wählen inzwischen weit über 50 Prozent diese Form der Bestattung. Tod: Schluss – aus – weg. Der Rest wird „entsorgt". Die Erinnerungskultur, heißt es, gehe zu Ende. Was ist das für eine Gesellschaft, die die Jungen hochjubelt, die Alten abschiebt und die Namen der Toten ausradiert?

Sinn für die Toten

Man kann leicht sagen: Uns geht es um das Leben vor dem Tod, nicht um das Leben nach dem Tod. Können wir so einfach über die Toten hinweg zur Tagesordnung schreiten? Können wir dem gegenwärtigen Leben Sinn zusprechen, wenn wir ihn den Toten versagen? Was wäre das für ein Sinn, der nur den jeweils Lebenden und nicht wirklich allen gilt, die je das Licht der Welt erblickt haben – und ihre Dunkelheit.

Die Zukunft in Ehren – was ist mit denen, die vor uns waren? Gehören sie nicht zu uns? Wir selbst werden bald schon zu ihnen gehören! Was ist mit den vielen Milliarden Menschen, die bisher auf der Erde gelebt haben? Nicht nur mit Sokrates und Platon, mit Augustinus und Kopernikus, mit Mozart und Goethe und allen, deren Name sich dem Gedächtnis der Menschheit eingeprägt hat? Was ist mit den vielen, die spurlos verschwunden sind, deren Name in keinem Lexikon steht? Was ist mit denen, die vom Tod überfallen wurden, bevor sie darüber nachdenken konnten, was aus ihrem Leben wird? Was ist mit denen, die einfach liquidiert wurden, die für nichts und wieder nichts starben? Die Opfer des Terrors – was ist mit ihnen? Wenn wir gleichgültig über die Toten weggehen, werden wir schließlich auch für die Lebenden keine Verheißung mehr haben.

Unvergessen

„Verweigerte Erinnerung ist Mord", sagen die Juden. ‚Unvergessen', sagen wir oft, und wir schreiben es, und schließlich meißeln wir es in den Grabstein ein: Unvergessen! Ein großes Wort. Zu groß für uns, oder? Wir wissen doch, wie vergesslich wir sind und es mit zunehmendem Alter immer mehr werden. Unser Gedächtnis lässt nach. Was wären die Toten, wenn sie wirklich nur in unserem Gedächtnis und von unserer Erinnerung lebten?

Unvergessen – das kann nur einer sagen: Gott! Er vergisst die Toten nicht, er hält sie in seinem Gedächtnis lebendig; sie selbst, nicht nur irgendetwas von ihnen, nicht nur ihr Wollen und ihre Ideale, nicht nur das, was sie geleistet haben, sondern sie selbst. Sie sind ja sein Ebenbild. Gott verbürgt, dass ihr Leben nicht wie eine ausgebrannte Rakete im Weltall erlischt, nicht untergeht in einem anonymen Fortschrittsprozess, sondern bleibt. Er hat ihren Namen mit dem Namen Jesu Christi in sein Gedächtnis eingeprägt.

Solidarität des Glaubens
Das lässt uns für die Toten hoffen. Darum verbinden wir unser Totengedächtnis mit dem Gedächtnis Jesu Christi in der Feier der Eucharistie. In den vergangenen Jahrzehnten ist die Einsicht gewachsen, dass wir dieses Mahl nicht als Einzelne feiern, sondern miteinander und füreinander. Dieser soziale Sinn der Eucharistie endet nicht bei den Lebenden. Die viel beschworene Solidarität wäre nur halb gewonnen, wenn sie vor den Toten haltmachte. Darin bewährt der Glaube seine ganze soziale Kraft, dass er die Toten beim Namen nennt und im Gedächtnis bewahrt. Herr, gedenke derer, „die uns vorangegangen sind, bezeichnet mit dem Siegel des Glaubens" (Erstes Hochgebet), gedenke aller, „um deren Glauben niemand weiß als du" (Viertes Hochgebet). Wenn wir alle längst zu den Toten gehören, wird die Kirche das auch dann noch beten.

Die biblische Botschaft durch die Lebebrille betrachtet

Regina Groot Bramel
Blickkontakt mit dem Unsichtbaren
Biblische Auszeiten für jeden Tag des Jahres

392 Seiten
mit Schmuckfarbe
Hardcover mit Leseband, 19 × 23,5 cm
ISBN 978-3-8436-0779-7

Ein Jahresbegleiter für Zeitgenossen, die bei allem Ernst des Lebens und des christlichen Glaubens das Lachen noch nicht verlernt haben. Impulse aus der biblischen Überlieferung, provokativ in literarische Form gebracht: Biblische Gestalten werden im Lauf des Jahres zu guten Bekannten und biblische Begebenheiten zu Handlungsinspirationen für hier und heute.
Jeder Monat steht unter einem Leitmotiv, das durch Meditationen von Schriftworten – eine Seite täglich – lebendig und bunt wird. So findet man in diesem Begleiter auch thematische Anregungen für die Arbeit in Gruppen, Gemeinde und Schule.

www.patmos.de